排他行为的竞争与反垄断问题研究

THE COMPETITIVE EFFECT AND
ANTITRUST OF EXCLUSIONARY CONDUCTS

钟 洲◎著

经济管理出版社
ECONOMY & MANAGEMENT PUBLISHING HOUSE

图书在版编目（CIP）数据

排他行为的竞争与反垄断问题研究 ／ 钟洲著.

北京 ： 经济管理出版社，2025. -- ISBN 978-7-5243
-0223-0

Ⅰ．F271.3

中国国家版本馆 CIP 数据核字第 2025D6U107 号

责任编辑：胡　茜

助理编辑：康国华

责任印制：许　艳

责任校对：王淑卿

出版发行：经济管理出版社

（北京市海淀区北蜂窝 8 号中雅大厦 A 座 11 层　100038）

网　　址：www. E-mp. com. cn

电　　话：(010) 51915602

印　　刷：唐山玺诚印务有限公司

经　　销：新华书店

开　　本：720mm×1000mm/16

印　　张：10.25

字　　数：138 千字

版　　次：2025 年 2 月第 1 版　　2025 年 2 月第 1 次印刷

书　　号：ISBN 978-7-5243-0223-0

定　　价：78.00 元

献给我的妻子倪艺文女士。

前　言

　　自首部反垄断法问世以来，合理规制排他行为始终是反垄断领域的核心议题。从哈佛学派到芝加哥学派，再到后芝加哥学派，关于排他行为竞争效果与损害理论的争议从未停歇。那么，究竟是什么原因使排他行为的反垄断规制变得如此复杂且充满争议？在企业竞争越发激烈、数字经济迅速发展的当下，排他行为呈现出新的特征，这又给反垄断执法与司法带来了哪些新的挑战？本书基于经济学理论分析，结合中国、美国、欧盟的规制实践，对此进行了深入研究。

　　本书聚焦两个核心问题。首先，本书系统梳理了排他行为规制理论的演进历程，即排他行为规制从"本身违法"向"合理原则"转变的法律与经济学逻辑。其次，本书深入研究了两类极具争议的排他行为及其竞争效应：一是数字平台的"二选一"，代表了新兴业态下的排他行为；二是条件折扣，体现了排他行为的新兴形式。

　　数字平台的"二选一"对读者而言并不陌生。在中国，很多大型数字平台都曾因此接受过反垄断调查或面临诉讼。条件折扣是近年来另一个备受关注的竞争行为，台积电、英特尔、利乐等知名企业都曾因忠诚折扣而遭受反垄断调查。其中，英特尔案尤为引人瞩目。2009年，欧盟委员会认定英特尔对 AMD 实施反竞争排挤，并处以 10.6 亿欧元罚款。然而，经过漫长诉讼，欧洲法院于 2024 年推翻了这一裁决。这一里程碑式案件所涉及的主要争议行为值得深入探讨。

本书的主要发现是：排他行为确实具有"双重性"，即排他行为可能提升效率，也可能产生反竞争效果，不能一概而论。以数字平台的"二选一"为例，它既可能带来限制线上竞争的"选择限制效应"，也可能产生促进线上线下竞争的"投资保护效应"。当线上购物的交易成本相较于线下足够低时，"二选一"行为的积极作用可能超过其消极作用，从而在总体上有利于竞争并提升社会总福利；反之，其消极作用更为显著。至于条件折扣，本书认为其总体上有助于促进竞争，但在某些情况下，具有产能优势的大企业可通过条件折扣锁定特定消费者，进而引发排挤竞争或市场分割两类竞争损害。因此，作者主张，对于新兴业态或新兴形式的排他行为，应当坚持"合理原则"，在个案中具体问题具体分析，避免"一刀切"的简单化处理。

本书是作者博士论文与博士后论文的集合，也是作者作为反垄断领域从业者的思考。本书的出版离不开陈享光教授、吴汉洪教授、刘戒骄教授、蔡跃洲教授、李军林教授与贺俊教授的悉心指导，离不开长期合作伙伴王麒植教授的批评指正，更离不开亲爱的妻子、母亲、岳父、岳母的默默支持。在此，谨向所有给予我帮助和支持的人致以衷心的感谢！

钟　洲

2025 年 1 月于建国门

目　录

第一章　引言

第一节　问题的提出

排他行为是指一家企业与另一家企业进行交易的意愿取决于后一家企业或者只与前者交易（独家购买），或者从前者那里购买大量所需的产品（毕晓普和沃克，2016）。在实行反垄断的很长一段时间内，各国法院与执法机构因为担心排他行为会导致"市场圈占"（Market Foreclosure）现象，所以对排他行为采取严厉态度。在这一时期，法院与执法机构比较关心排他行为对市场的封锁程度，而不是对消费者福利的影响。但是并没有明确的界限来衡量排他行为对市场的封锁程度，法院与执法机构也极少考虑排他行为是否有促进竞争的效果（吉尔伯特和黄昆，2020）。即便排他行为所影响的交易量仅占市场总量的1%，依然可能被认定为违反反垄断法。20世纪50年代以来，上述观点被芝加哥学派的学者猛烈抨击。这种抨击主要从两个方面展开：其一，基于简单的价格理论或垄断模型，芝加哥学派认为理性的企业不会出于反竞争的原因而采取排他行为；其二，芝加哥学派认为排他行为可以提高效率，这解释了企业为什么签订排他性合约（温斯顿，2007）。

芝加哥学派的观点对反垄断理论的发展与全球反垄断执法、司法产生了深远的影响。后续理论研究普遍致力于研究排他行为在什么情况下可能提高效率，在什么情况下可能排挤市场竞争，违反反垄断法。本书首先对相关观点进行系统梳理；其次，在此基础上，进一步对新兴业态的排他行为与新兴形式的排他行为进行研究。

2021 年以来，我国先后发布了《国务院反垄断委员会关于平台经济领域的反垄断指南》《互联网平台分类分级指南（征求意见稿）》《互联网平台落实主体责任指南（征求意见稿）》《国家发展改革委等部门关于推动平台经济规范健康持续发展的若干意见》等一系列重要文件，并对阿里巴巴、美团的"二选一"行为进行了处罚。许多研究都表明，互联网领域的反垄断规制与当前许多反垄断规则和工具存在不同程度的不契合（于立，2020），但鲜有文献就数字经济等新兴业态下的线上排他行为进行研究。本书通过理论模型对新兴业态下的线上排他行为进行了初步探讨，就如何客观看待线上平台的排他行为、如何平衡数字经济发展与治理进行了研究。

近年来，实践中亦涌现出诸多新兴的企业竞争策略，如条件折扣、最惠国待遇等，这些行为被认为构成了事实上的排他行为，并可能产生排挤竞争的效果。然而，各司法部门未对类似行为为何及如何危害市场竞争达成共识。不同法院间、法院与执法机构间，甚至同一案件中不同法官间常常产生相左意见（钟洲和王麒植，2018）。以条件折扣为例，一些法官与执法者依据"是否迫使竞争对手低于成本定价"来判断条件折扣是否违法，他们认为只要条件折扣不导致竞争对手低于成本定价，就会促进竞争而非危害竞争。另外一些法官与执法者则认为，即便条件折扣不导致竞争对手低于成本定价，也可能诱使消费者与垄断厂商进行独家交易，进而排挤竞争对手。前者将条件折扣视为一类特殊的掠夺性定价，后者将条件折扣视为一类特殊的独家交易协议（Moore & Wright，2015）。那么，一个值得探讨的问题是，类似条件折扣的策略如何影响竞争与福利，当前排他行为的规制路径或范式是否适用于这些可能构成"事实"的排他行为？

本书以"二选一"与条件折扣为重要的研究切入点，主要原因是这两类行为都是理论与实务界重点关注的行为，许多经典或受到极大关注的反垄断案件都涉及这两类行为，具有较好的代表性。

第二节　排他行为的分类

《欧盟委员会适用欧共体条约第 82 条查处市场支配地位企业滥用性排他行为的执法重点指南》将排他行为分为独家交易（包括独家采购和条件折扣）、搭售与捆绑销售（包括搭售、纯捆绑和捆绑折扣）、掠夺性定价、拒绝交易等。本书在此基础上进行拓展，对排他行为进行更为详细的分类。

一、独家交易

独家交易是指阻止交易相对人出售其他竞争对手产品的行为。独家交易一般通过协议实现，常见的协议包括独家采购协议（Exclusive Purchase Agreement）和独家供应协议（Exclusive Supply Agreement）。前者是要求下游企业仅从一家上游企业采购产品的协议，后者是要求上游企业仅供货给一家下游企业的协议。

需要指出的是，排他行为的表现形式多种多样，在很多情况下，企业之间没有签署独家交易协议，有些行为从形式上看不像是排他行为，但它们与独家交易具有类似的效果（吉尔伯特和黄昆，2020；毕晓普和沃克，2016），构成了"事实上的"独家交易，其中的典型就是条件折扣。

条件折扣就是在给定条件下才能提供的折扣类型。经济合作与发展组织（OECD）将折扣区分为以下几类：

第一，排他性/追溯性/忠诚折扣（Exclusivity/Fidelity/Loyalty Rebates），一般以独家购买（或接近独家）为条件，但不要求独家采购或独家供应。它们常常基于买方采购总额的比例提供，如提供折扣的条件是，买方承诺采购总额里，90%都从提供折扣的企业获取。这类折扣有时被称为基于份额需求（Share of Need）、基于份额（Share-Based）的折扣或参考竞争对手的折扣。

第二，数量折扣（Quantity/Volume Discount），与第一类折扣不同，数量折扣仅与买方自主决定的购买量（不是参考买方总购买量）相关。这种折扣一般奖励大买家，并且可能与成本相关。另外，数量折扣也可能像第一类折扣一样运作，并具有忠诚诱导效果，尤其是在与增长、个性化、追溯（不是增量）相关时。

第三，增长折扣（Growth Discounts），即取决于买家增加购买量的折扣。

折扣可以是标准化的（适用于所有客户），也可以是个人化的（为特定客户设计）。对应地，折扣单位可以是追溯性/回溯性/全部数量折扣（Retro-active/Rolled-Back/All Unit Discounts）的，即达到指定阈值后，折扣单位适用于所有购买的产品。折扣单位也可能是增量的，一旦达到阈值，仅适用于额外的单位。

二、搭售与捆绑销售

搭售是指企业在出售某一产品（简称"搭售产品"）时，以消费者同时购买另一产品（简称"被搭售产品"）为条件的商业行为，一般可以通过技术和协议方式来进行。许多文献将搭售等同于捆绑销售，事实上两者存在细微区别。捆绑销售指企业将一组产品以一定比例打包出售的行为。纯捆绑是指企业仅销售组合产品，消费者不能购买其中任意单独产品。搭售则允许搭售产品和被搭售产品的比例发生动态变化，消费者可以单独购买被搭售产品。

与纯捆绑类似的概念是混合捆绑。在混合捆绑的情况下，产品可以单独出售，但是单独出售的总价比捆绑销售的总价更高。

三、其他排他行为的表现形式

其他类型的排他行为多与上述排他行为高度相关。

掠夺性定价是指具有市场支配地位的企业在一定时间内对产品的全部或特定部分设定较低的实际价格。掠夺性定价一般被视为具有市场支配地位的企业通过短期损失打击竞争对手，以获得长期收益的策略。各国执法机构和法院一般通过平均可变成本（AVC）和平均可避免成本（AAC）来识别企业的价格策略是否构成掠夺性定价。同样需要指出的是，一般认为仅通过平均可变成本和平均可避免成本来谴责低价销售往往是不全面的，因为企业的低价销售不一定能在长期内收回其短期损失。掠夺性定价一般与折扣息息相关，在许多情况下，折扣是引发掠夺性定价担忧的原因。

拒绝交易是指企业拒绝从上游特定企业采购或拒绝向下游特定企业供货的行为。拒绝交易常常与特定的交易条件相关，如拒绝向拒绝接受搭售、捆绑销售的客户供货，在与特定客户独家交易后拒绝向其他客户供货。欧盟委员会指出，拒绝交易的范围较广，不仅包括对产品的拒绝供应，也包括对知识产权的拒绝许可、对网络接口的拒绝接入等。

Melamed（2006）强调，将特定实体规则用于不同类型的行为必然会使竞争分析囿于形式主义，而与行为本身的竞争影响渐行渐远。举例来说，根据排他行为制定特定的实体规则必然会使规制者（在相关案件中）重视涉案行为是否可以被恰当地认定为排他行为，这将促使企业通过调整其策略的细节来避免其策略被归为规制者所认定的某一种排他行为。因此，许多学者建议对排他行为的判别应当避免狭义的形式主义，否则就难以从本质上抓住其经济特征（吉尔伯特和黄昆，2020）。

第二章 排他行为的文献综述

美国的《谢尔曼法》是全球第一部反垄断法，于 19 世纪末诞生，该法面世后美国法院对排他行为的态度相对温和。在相关案件中，法院主要依据具体事实对排他行为（主要涉及排他协议）的竞争影响进行判断。一些学者认为，这一时期的反垄断规则是一种"修正的合理原则"（Gellhorn & Kovacic，1994）。

然而，20 世纪 40 年代至 70 年代，法院与执法机构都对排他行为采取严厉态度。即便企业的排他行为所涉及的市场份额仅占 1% 左右，也可能被指控违反反垄断法。法院与执法机构担心独家交易会导致"市场圈占"，即排斥竞争对手进而形成垄断局面（温斯顿，2007）。这一担忧也使法院和执法机构几乎认定排他行为是违法的。

20 世纪 60 年代，芝加哥学派基于简单的价格理论就法院对独家交易的严厉态度进行了批判：芝加哥学派以完全竞争为参照系指出，如果潜在进入者进入市场，那么上游卖方将会展开激烈的竞争，从而将价格拉低至在位卖方的边际成本。为了使买方接受独家交易，在位卖方必须补偿消费者因接受独家交易而损失的消费者剩余。因为无谓损失的存在，卖方获得的利润总是无法完全补偿消费者的损失，所以独家交易对卖方而言无利可图。

虽然"芝加哥批判"简洁而富有洞察力，但其观点过于简单与极端。20世纪80年代以来，博弈论与计量经济学在产业组织理论中被大量应用，人们发现美国法院与执法机构对排他行为的竞争效应的关注在一定条件下是能成立的。这些理论构成了近年来全球反垄断执法与司法的理论基础。

接下来，本章就近年来有关独家交易行为和搭售行为的文献进行综述，前者主要涉及一个产品，而后者往往涉及多个产品，其他行为的损害理论与这两个行为类似。

第一节　独家交易

"芝加哥批判"虽极具洞察力和影响力，但过于偏激。后续研究通过适当修正模型与假设，证明了独家交易可以是排挤竞争对手有利可图的策略，具有反竞争的效果。这些模型具有同样的特征，即双方所签署的独家交易合约对其他个体产生了某种外部性，而且这种外部性使合约对签约各方都达到了最优。在以下内容中，本章首先阐述了以提升效率为目标的独家交易模型，其次对影响市场竞争的策略性的独家交易模型进行了探讨①。

---

① 在本书中，策略性动机用于应对在位竞争对手或潜在竞争者的特定行为，而效率动机不依赖竞争对手或潜在竞争对手的反应。有些学者依据更广泛的策略性行为定义，将价格歧视归结为策略性行为，如Economides（2014）的研究，本书认为价格歧视服务于效率动机。

一、以独家交易促进效率提升

芝加哥学派的观点强调，独家交易在某些情况下可能不仅不会损害经济效率，反而能够促进效率的提升，特别是在保护企业专用性投资方面。Marvel（1982）指出，对于那些无法通过合同明确规定的投资，竞争对手可能通过搭便车行为获益，而独家交易则类似于产权机制，能够发挥保护作用，从而提高效率。例如，生产商的广告投资不仅能够增加自身产品的销量，还可能间接促进竞争商品的销售。独家交易能够保护生产商的广告投资，进而激励其继续开展广告活动。Klein（1988）等通过对通用汽车公司和制鞋公司的案例分析，进一步支持了这一观点，认为独家交易有助于保护企业在专用设备和员工培训上的投资。

Segal 和 Whinston（2000b）首次通过理论模型对上述观点进行了系统评估。他们将投资按其对交易价值的影响划分为内部投资和外部投资。内部投资仅影响买方与在位卖方之间的交易，而外部投资则可能影响买方与其他卖方的交易。他们的研究得出了一个重要结论：独家交易不会改变内部投资的最优选择，但会提升在位卖方进行外部投资的意愿，同时降低买方和潜在新进入卖方的投资意愿。尽管 Segal 和 Whinston（2000b）的研究为后续工作奠定了理论基础，但他们关于内部投资不受独家交易影响的结论似乎与经济学直觉存在矛盾，因此需要进一步的假设完善和模型验证。Meza 和 Selvaggi（2007）则聚焦于特许经营情境下的独家交易，发现多期博弈中独家交易能够提升买方的专用性投资水平，甚至在某些条件下实现社会最优。

近年来，学者们尝试将独家交易的反竞争效应与其促进投资的积极效应结合起来分析，揭示出一些重要的机制和结论。Fumagalli 等（2012）认为，这两种效应并非简单相加，因为独家交易对投资的促进作用可能正是其阻碍有效市场进入的原因。Lee（2015）通过引入"随机协商"的概念，将独家交易的两种效应结合起来，发现独家交易的反竞争或促进竞争效应取决于事后协商失败的概率。

实证研究也为独家交易的积极作用提供了支持。Sass（2005）的研究表明，独家交易能够最小化企业与经销商之间的冲突，从而提升社会福利。Fadario 和 Yu（2014）的分析则发现，独家交易总体上具有促进竞争的作用，其积极影响主要体现在激励上游企业的投资行为上。

二、独家交易与竞争策略

参考温斯顿（2007）的界定，本书将相关文献的模型设定分为两大类，并分别进行梳理。

1. 先发优势模型

在这一领域的文献中，上游市场的参与者通常被划分为在位卖方和潜在进入者两类。在位卖方由于早期占领市场并拥有更多买方而具有先发优势，可能利用独家交易来挖掘这种优势以获得利润。Aghion 和 Bolton（1987）提出了一个模型，其中包含一个在位卖方、一个潜在进入者和一个买方，并放宽了独家交易的严格条款，允许买方在支付违约金的情况下从进入者那里购买产品。在这种独家交易条款下，市场为了均衡可能允许潜在进入者进入，但均衡结果类似于在位卖方和买方联合垄断，从而对进入者的利润进行压榨。然而，这种"局部排他"策略过于依赖独家交易条款的假设，其可获利性在潜在进入者不进入市场时存在局限。

Rasmusen 等（1991）首次指出，在位卖方可以通过买方间的外部性实现有利可图的独家交易。他们假设存在多个买方，并且潜在进入者具有规模经济，只有在未签署独家交易合约的买方数量达到最小有效规模时，进入才会发生。此时，任何一个买方签署独家交易合约都会对其他买方产生负外部性，降低他们签约的可能性。在位卖方只需与部分买方签订独家交易合约，即可获得全部市场和利润。当所有买方都预期其他买方会签约时，每个买方签署独家交易合约并获得非负补偿成为最优选择，从而使在位卖方能够以较低的补偿成本实现独家垄断。

Segal 和 Whinston（2000a）进一步修正了这一结果，假设买方群体能够达成协议以实现集体利益最大化，不存在内部不协调。他们发现，在位卖方的价格歧视性条款同样可以挖掘买方间的负外部性。具体来说，卖方可以在与部分买方的独家交易合约中明确不提供补偿，以促使其他买方拒绝签约，从而保证对其他签约买方的补偿和自身的利润。

值得注意的是，上述研究通常将买方视为最终消费者，但在现实中，买方往往是下游的竞争企业，如制造商与零售商之间的独家交易。Fumagalli 和 Motta（2006）首次探讨了在"制造商—零售商"模型中，下游企业市场竞争强度与独家交易有效性之间的关系。他们发现，下游企业竞争越激烈，独家交易的可获利性越低，企业也就越不可能通过独家交易阻碍进入。他们区分了独立的垄断者和伯川德价格竞争两种情况，并假设进入成本足够高，潜在进入者必须在所有买方都会购买其产品时才会获利。在下游企业激烈的价格竞争下，进入者的低边际成本可以使买方获得全部市场，当市场需求足够大以抵消进入者的进入成本时，任何一个买方都有动机不签署独家交易合约。

Simpson 和 Wickelgren（2007）、Abito 和 Wright（2008）从不同角度对

Fumagalli 和 Motta（2006）的观点提出了质疑。前者发现，当买方可以违反独家交易合约并支付卖方利润的预期损失时，如果合约签署对象是最终消费者，违反独家交易合约与进入者交易可以降低因需求数量变化带来的无谓损失，因此独家交易并不能阻碍进入者进入市场。如果合约签署对象是存在竞争的零售商，由于完全价格竞争中只要存在多个下游买方，利润将全部流向最终消费者，那么市场均衡为只有一个下游买方违约占领市场且利润为正，此时在位卖方依然可以通过违约损失获利。后者假设下游市场为不完全竞争，存在两个异质性的买方，发现下游买方偏离独家交易后虽然会垄断下游市场，但获得的利润很小，此时独家交易会保护下游买方和在位卖方的联合利润。

Wright（2009）在 Fumagalli 和 Motta（2006）关于两部收费的模型基础上引入新的价格策略后发现，当进入者存在较大成本优势时，进入均衡这种唯一结果只在规模经济不太理想时存在，而规模经济很理想时总会存在独家均衡；当进入者成本优势很小时，无论是否存在规模经济都只有独家均衡。

此外，一些研究通过修正芝加哥学派关于上游竞争的假设来论证独家交易的反竞争效果。如 Yong（1996）假设潜在进入者存在产能约束，在其进入市场的情况下，买方不能通过进入者满足其所有需求，还必须从在位卖方处购买产品。如果进入者的能力限制导致产品平均价格相对较高，那么这将导致买方的低盈余，从而导致接受独家交易合约的低补偿。

近年来，一些学者开始关注独家交易中的新情景和新策略，并揭示了一些新的影响。他们构建的模型大多假设单个买方，因此结论不依赖于生产商的规模经济或下游竞争。Fumagalli 等（2009）允许在位卖方通过并购的方式使潜在的进入者进入市场，并假设进入者会使用更先进的技术。他们发现：

①独家交易可以提高在位卖方在并购中的谈判地位，帮助在位卖方在谈判中获取更多利润；②允许并购后的独家交易更容易被买方所接受，因为并购进入者会提高在位卖方的效率，买方在接受独家交易后会期望一个更低的价格，因此要求的补偿较低；③虽然并购可以引进先进技术，但是独家交易仍然会损害社会福利，因为并购取代了上游市场的竞争，在进入者独立进入为社会最优的情况下，上游并购实际上提高了下游市场的价格。

Asker 和 Bar-Isaac（2014）发现在位的上游生产商可以通过和零售商约定最小转售价格维持（Min RPM）排除潜在更有效率的竞争对手：模型假设存在两个上游生产商生产同质产品，同时有多个可以完全替代的零售商进行价格竞争，转售价格维持可以使在位生产商的部分利润转移至零售商，当零售商允许上游企业进入时，激烈的竞争将会降低行业产品价格并瓦解这种利润转移。

Kitamura 等（2018）发现，当补充要素的供应商具有市场力量时，有效的市场进入不仅会促进上游市场竞争、降低要素价格，同时还会提升补充要素的市场需求、提高补充要素投入的价格。因此，下游企业在市场进入后并不能获得较高的利润增加，在位卖方能够以低补偿金使其接受独家交易。这些研究提供了对独家交易影响的更深入理解，并揭示了在不同市场结构和策略下独家交易的复杂效应。

2. "为独家交易而竞争"模型

在现实商业实践中，独家交易通常出现在有多个在位企业的市场环境中。在这种情况下，并非所有在位企业都拥有先发优势，而且它们都有机会与上游或下游企业签订独家交易合约，并为此展开竞争。事实上，大多数涉及独家交易的反垄断案件都与这种市场结构有关。

众多文献已经研究了企业间为了独家交易而进行的竞争对市场竞争的影响。温斯顿（2007）指出，分析独家交易竞争影响的模型通常基于两种外部性假设：一是参与缔约过程各方之间的外部性；二是由于合约通常是双边的，缔约参与方之间会产生外部性。基于这些外部性假设，模型提供了几点启示：首先，存在不参与独家交易缔约的"局外人"，他们可能从参与方之间的竞争中获益；其次，当缔约方能够控制"局外人"面临的竞争水平时，他们的联合收益会增加；最后，如果缺乏缔结多边合约的能力，外部性可能会阻碍联合利润的最大化。

早期研究的一个特点是市场中存在多个买方和多个卖方的缔约过程。例如，Besanko 和 Perry（1994）构建了一个模型，其中零售商在空间上存在差异，生产商在品牌上存在差异，且零售市场可以自由进入。在初始均衡状态下，每个生产商可以向所有零售商销售产品。签署独家交易合约后，两个生产商将平分零售商数量。对生产商而言，独家交易能够提高批发价格并增加利润，因此他们有动机进行独家交易。对于消费者来说，独家交易意味着更高的零售价格和更大的交通成本，从而减少消费者剩余。对零售商而言，只经营一个品牌可以降低固定成本，这可能导致零售市场上出现更多进入者，进而降低零售利润，并在一定程度上减少消费者的交通成本。Stefanadis（1997）也建立了一个涉及多个上游企业和两个下游买方的简单模型，其中只有两个上游企业有机会投资研发并获得新技术，如果推出独家交易协议，每个卖方只能与一个买方签约。模型研究显示，当上游企业之间存在研发竞争时，独家交易协议可以降低竞争对手的市场规模，从而降低其最优研发投入，类似于"规模经济"。在这种情况下，推出独家交易协议的企业将获得更多红利，确保下游企业接受独家交易。对社会福利而言，这可能会降低消费者福利，但生产者福利则不确定（过度投资的成本节约与有效投资的阻碍之间的权衡）。

后续研究更加关注上下游企业之间的独家交易如何影响上下游企业之间的竞争。Bernheim 和 Whinston（1998）首次建立了独家交易削弱要素市场竞争的概念框架：模型假设只有一个零售商，两个生产商竞相向其销售产品，零售商可以选择共同代理或独家代理。如果生产商将共同代理时的产品批发价格设为无限大，那么实际市场就变成了生产商为独家授权而竞争的模型。该研究发现，当不存在缔约外部性时，与芝加哥学派的结论一致，独家交易并不能阻碍市场进入，无论是独家代理还是共同代理，最终的市场结果都将最大化生产商和零售商的联合利润，独家交易总是有效的。然而，当存在缔约外部性时，独家交易协议将阻碍生产商在其他零售市场的竞争。例如，如果某生产商必须以一定成本进行生产，而其他生产商在某一零售市场独家交易迫使该生产商产量为零，且其在给定其他零售市场的利润小于投资成本的前提下，该生产商不会进行投资，因而也不会参与其他零售市场的竞争。

Hart 和 Tirole（1990）、O'Brien 和 Shaffer（1992）等研究了独家交易如何削弱零售市场的竞争。在这类研究中，产品市场由一个上游生产商和两个下游零售商组成，生产商会向零售商发出独家要约，拒绝要约的零售商将无货可售，利润为零。如果两个零售商在完全不同的零售市场上销售产品，那么零售商之间的利润不相关，缔约不存在外部性，此时均衡下的独家交易会实现生产商和零售商的联合利润最大化。然而，如果两个零售商在同一零售市场上进行完全同质竞争，零售商之间的利润相互影响，缔约存在外部性，由于缔约后无须在意额外销售数量对其他零售商的负面影响，此时生产商的销售水平可能会超出垄断水平，最终导致生产商和零售商的联合利润降低。

<h1 style="text-align:center">第二节　搭售</h1>

早期美国法院对搭售行为的反垄断关切源于垄断力量杠杆运用的可能，法院担心垄断企业通过搭售将其在一个市场上的力量延伸至另一个市场。芝加哥学派的学者指出，虽然在搭售产品市场上具有市场力量的企业可以强制要求消费者以高于市场的竞争价格接受被搭售产品，但这种行为同时会降低消费者对搭售产品的需求，企业通过搭售获得的总利润很可能低于企业仅通过提高搭售产品价格获得的单一垄断利润，因此垄断企业没有动机实施法院所指控的"杠杆行为"（Director & Levi，1956；Bork，1978）。这一被称为"单一垄断利润"的理论对美国法院产生了深远影响，但它并没有明确指出垄断企业实施搭售行为的真实动机。后续经济理论表明，搭售可能服务于提高效率的效率动机，也可能服务于排斥竞争、危害消费者福利的策略性动机[①]。

一、搭售行为的效率动机

经济理论一般将搭售的效率动机区分为非定价动机和定价动机两类。其中，非定价动机的成功实现所需要的前提较少，保障安全与提高产品质量仅需要进行特殊的产品设计，降低成本则要求产品的生产或销售存在规模经济

---

① 在本书中，策略性动机指用于应对在位竞争对手或潜在竞争者的特定行为，而效率动机不依赖竞争对手或潜在竞争对手的反应。有些学者依据更广泛的策略性行为定义，将价格歧视归结为策略性行为，如 Economides（2014）的研究，本书则认为价格歧视服务于效率动机。

或范围经济特征。定价动机的成功实施对相关市场结构、产品特征与消费者
特征都提出了不同的要求。

　　1838 年，Cournot 指出当一对互补产品①分别被两个垄断厂商生产时，两
个企业都有动机把产品价格定为垄断价格，但这将减少产品的总需求。如果
两个企业将两个产品捆绑销售，则可以避免这种双重加价，企业的利润和消
费者福利都可以上升。Director 和 Levi（1956）指出，当搭售产品与被搭售
产品为互补产品，且被搭售产品为易耗品时，垄断企业可以通过搭售识别搭
售产品对消费者的重要程度，并据此对消费者实施二级价格歧视。Burstein
（1960）亦指出，当消费者购买多个搭售产品且存在边际效用递减情况时，
即便搭售产品的价格为垄断价格，消费者依然可以获得正的消费者剩余。此
时，垄断者就可以要求消费者同时购买被搭售产品，只要消费者依然获得正
的消费者剩余，垄断企业就可以通过搭售实现三级价格歧视。Adams 和
Yellen（1976）、Schmalensee（1984）表明，当某些消费者对两个产品的偏
好具有负相关性时，垄断企业可以通过搭售内部化消费者偏好的负相关性，
对消费者实施三级价格歧视②。

　　根据不同价格歧视理论的特点，Elhauge（2009）将以上三种价格歧视
依次命名为产品内价格歧视、产品间价格歧视与消费者内价格歧视。产品内
价格歧视是指当搭售产品对消费者的重要程度不同时，搭售产品市场的垄断
者可以通过搭售了解搭售产品对消费者的重要程度。例如，打印机市场的垄
断者可能会要求消费者必须同时购买其销售的墨盒，根据消费者墨盒购买量
的不同了解打印机对消费者的重要程度，并据此收取不同的服务费用。垄断
者同样可以通过在压低打印机价格的同时提高墨盒的价格来获得更高利润。

---

①　显然，该假设可以放宽至消费者对两个产品的需求存在正相关性。
②　Schmalensee（1984）进一步证明，即便消费者对两个产品的偏好相互独立甚至弱正相关，
垄断企业依然可以通过产品间价格歧视获得更高利润。

产品间价格歧视是指当垄断者生产两种产品且知道消费者对不同产品的偏好并非强正相关时，垄断企业并不需要了解不同消费群体对产品的偏好，可以仅通过搭售抵消消费者对不同产品偏好的负面影响。显然，当消费者对两个产品的偏好负相关时，消费者仅会购买其偏好的单个产品，此时垄断者搭售的效益最高。消费者内价格歧视是指当消费者以同一价格购买多个搭售产品，且搭售产品给消费者带来的边际效用递减时，即便此时搭售产品的价格为垄断价格，其边际效用也不高于消费者购买最后一单位产品带来的效用水平，此时消费者获得正的消费者剩余。只要被搭售产品的价格低于消费者剩余，消费者依然愿意购买这些搭售产品，垄断企业就可以获得更多的利润。

二、搭售行为与竞争策略

20 世纪 90 年代，后芝加哥学派的经济学理论进一步证明，"单一垄断利润"理论仅在特定市场结构下才能成立①，搭售可以实现法院所担心的策略性动机。垄断企业不仅可以通过搭售将其在搭售产品市场上的力量延伸至被搭售产品市场，还可以通过搭售维持企业在搭售产品市场上的支配地位。与价格歧视类似，搭售策略性动机的成功实施对相关市场结构、产品特征与消费者特征提出了不同的要求。需要特别指出的是，如果搭售满足给定前提，其可以同时服务效率动机与策略性动机，从而具有混合效果②。

---

① 根据 Elhauge（2009）的总结，"单一垄断利润"理论要求垄断企业在搭售产品市场上具有垄断地位，而被搭售产品市场是完全竞争的。

② Nalebuff（2000）表明，即便垄断企业实施以价格歧视为动机的搭售行为，竞争对手在预期到其影响后也会提高产品价格，此时垄断企业与其竞争对手达成实质的默契合谋。

首先，垄断企业可以通过搭售打击被搭售产品市场的在位或潜在竞争对手。Whinston（1990）、Nalebuff（2004）表明，若被搭售产品市场存在规模经济或进入成本，垄断企业可以通过搭售或承诺搭售①提高被搭售产品市场的进入壁垒。其他学者的研究则表明，即便搭售无法将竞争对手排除在被搭售产品市场外，垄断企业也可以通过搭售实现"提高竞争对手成本"策略。例如，Choi 和 Stefanadis（2001）表明搭售可以降低在位竞争对手的 R&D 动机，而 Nalebuff（2003）表明垄断企业可以通过搭售行为在被搭售产品市场获得网络效应。其次，垄断企业可以通过搭售行为缓和被搭售产品市场上的竞争。Carbajo 等（1990）表明，当被搭售产品市场上的消费者存在异质性时，垄断企业可以通过搭售分割市场，使垄断企业与竞争对手在各自子市场内提高产品价格，实现默契合谋。最后，垄断企业可以通过搭售维持企业在搭售产品市场上的市场力量或竞争优势。Nalebuff（2000）表明，当预期到竞争的加剧可能会对利润产生负面影响时，被搭售产品市场上的企业可能会放弃进入搭售产品市场。Carlton 和 Waldman（2002）则表明，垄断企业可以预期现有被搭售产品与搭售产品的关系由互补转向替代，进而实施防御性的搭售行为②。Carlton 和 Waldman（2012）进一步指出，在动态情况下当搭售产品具有升级、换代特征时，垄断企业可以通过搭售行为保证其搭售产品的竞争优势在各代搭售产品间无缝衔接。

本书对 Whinston（1990）、Kuhn 等（2004）、Kobayashi（2005）、El-hauge（2009）、Carlton 和 Waldman（2012）等的研究进行梳理，发现搭售

---

① 承诺搭售指垄断企业不实际实施搭售行为，但会向被搭售市场上的潜在进入者承诺，一旦其进入被搭售产品市场，垄断企业将实施搭售行为。

② 与一般搭售行为不同，防御性搭售被认为是试图以一定的短期损失换取长期利益最大化的一种行为。例如，在美利坚合众国诉微软案中，微软将原本价格不菲的浏览器软件免费提供给消费者，法院担心虽然消费者在短期内获益，但搭售将长期维持微软的市场支配地位，消费者长期不一定受益。

行为的策略性实施仅在以下市场结构中才能实现（见表2-1）。

表2-1　搭售的策略性动机与市场结构

策略性动机		市场结构特征	产品特征	消费者特征
延伸市场力量动机	进入壁垒	搭售产品市场的力量、垄断企业与其竞争对手的产品生产具有不对称性①等	规模经济，进入成本等	保留效用，产品偏好独立或正相关等
	提高竞争对手成本		特定的定价、R&D 路径、交易成本等	消费者偏好垄断企业的搭售产品等
	默契合谋	搭售产品市场的力量	互补产品	消费者具有异质性、消费者对产品的偏好正相关等
维持市场力量动机	静态	搭售产品市场的力量、垄断企业与其竞争对手的产品生产具有不对称性、进入市场的先后顺序等	互补产品、规模经济、零边际成本等	保留效用、不允许多重归属、存在转换成本等
	动态			

资料来源：陈享光和钟洲（2016）。

第三节　数字经济对反垄断的挑战

近年来，以互联网平台为代表的数字经济企业在全球范围内引发了反垄断争议。

在欧洲，欧盟委员会与其各成员国执法机构自 2010 年起相继对谷歌、

---

① 不对称性是指垄断企业的生产或销售涉及所有市场，而其竞争对手仅在搭售产品市场或被搭售产品市场上生产或销售部分涉案产品。

Facebook、亚马逊等企业的自我优待、不当使用用户数据等行为进行反垄断调查。在美国，众议院于 2019 年启动了对以 Facebook、谷歌、亚马逊和苹果为代表的数字经济企业的调查，并于 2020 年发布《数字市场竞争状况调查报告》，认定这些数字经济企业具有显著的市场力量。在中国，2020 年 12 月召开的中央经济工作会议将"强化反垄断和防止资本无序扩张"列为 2021 年经济工作的八项重点任务之一。会议提出，要完善平台企业垄断认定、数据收集使用管理、消费者权益保护等方面的法律规范；要加强规制，提升监管能力，坚决反对垄断和不正当竞争行为①。2020 年起，中国反垄断执法机构相继对阿里巴巴、腾讯、顺丰等企业进行立案调查。

与此同时，数字经济亦为滥觞于工业经济时代的经济法，特别是反垄断法带来了挑战。数字经济与数字技术的高速发展将新的法律主体（互联网平台）与法律客体（数据）引入经济法的视域，而现有的反垄断法的理论基础与法律实践常常难以适用数字经济发展所带来的新特征、新情况。这一冲击引发了理论界与实务界的广泛讨论。

一、反垄断法面临的宏观挑战与创新

1. 数字经济与反垄断法的理论基础

众所周知，反垄断法的理论基础是现代产业组织理论。现代产业组织理论的基础主要有两方面：一是对相关行业、市场整体结构进行分析的相关理

---

① 中央经济工作会议确定 2021 年八大重点任务［EB/OL］．（2020-12-18）［2025-01-18］．https：//baijiahao．baidu．com/s? id=1686417184613820025&wfr=spider&for=pc．

论，其代表是哈佛学派的结构—行为—绩效范式；二是对市场中特定的产品竞争范围、竞争约束及特定行为进行评估的经济学工具，其代表是芝加哥学派及后芝加哥学派的相关理论。数字经济的发展对这两类理论的方法论都提出了挑战。

哈佛学派的结构性分析认为，市场结构和结构性壁垒是影响市场行为和绩效的根本因素，高市场集中度的行业结构导致了较差的市场绩效（Bain，1959）。数字经济，特别是具有网络效应的数字经济行业，常常具有"赢家通吃"的特点，导致了较高的市场集中度。然而，这种较高的市场集中度是否导致了较差的市场绩效尚无定论。由于创新频率高、行业高度动态发展，因此数字经济企业不一定可以通过高市场集中度牟利。相反，即便企业具有较高的市场份额，其市场份额也可能是不稳定的，它依然需要通过不断创新、提高效率来维持竞争力。正如Evans（2017）所比喻的，"动态竞争带来漫漫无眠之夜，而非昏昏沉沉的垄断者"。

芝加哥学派的价格理论所考察的大部分对象是具有固定生产曲线和消费曲线的静态市场，相应的静态分析模型难以反映竞争的动态性，无法刻画技术、模式创新和消费需求的升级变化（陈富良和郭建斌，2020）。数字经济相关企业的生产曲线、消费曲线往往是非固定的，可能涉及多个市场或领域，特殊的商业模式亦使数字经济企业常常以负的价格补贴消费者，而且非数字经济企业也不断地被数字化。相应地，价格理论常常无法对数字经济的核心特征进行刻画与反映，也无法准确反映数字经济相关市场的范围、行为的竞争影响。

Khan（2016）批评了以价格为核心的反垄断理论基础，认为其低估了企业低于成本定价、多市场经营行为的负面影响。然而，遗憾的是，虽然许多经济学文献都对数字经济进行了分析与研究，但这些研究依然普遍遵循传统的分析路径，难以从方法论层面完全回应数字经济的挑战。

2. 数字经济与反垄断法的立法目标

对以价格为核心的反垄断理论基础的批评进一步引发了对反垄断法立法目标的探讨。当前，世界各国的反垄断法普遍以消费者福利标准为其经济价值标准，强调既定资源的生产效率和分配效率，突出的是静态效率特征（陈富良和郭建斌，2020）。然而，数字经济无疑更强调多种资源的排列组合与动态效率。近年来，理论界诞生了新布兰迪斯学派，其批评消费者福利标准过于关注短期利益，没有充分抓住数字经济商业模式和企业市场力量的核心。

新布兰迪斯学派认为，20 世纪 80 年代以来的意识形态自由化导致数字经济力量逐渐集中，进而引发了一系列负面问题。该学派主张将反垄断由消费者福利标准回归到美国反垄断法立法初期的布兰迪斯模式，强调将反垄断的立法目标恢复为保护竞争结构和竞争过程，而非保护竞争的结果。在新布兰迪斯学派看来，现行的消费者福利标准违背了美国反垄断法的立法精神，即强调通过限制私人的经济力量来保护个人，保障平等与民主不受经济力量集中的限制（Khan，2018）。

虽然新布兰迪斯学派声势浩大，但许多学者依然对其持保留态度，如吴汉洪和王申（2020）认为，新布兰迪斯学派没有形成一套完整而严密的理论体系，其内部仍然有自相矛盾的地方，难以被实际执法所采用。

二、反垄断法面临的微观挑战与创新

从微观层面来看，熊鸿儒（2019）指出，过去静态、单向的反垄断分析框架及判断标准很难适用于数字经济时代动态、跨界的平台经济。一般认为，反垄断主要应对垄断协议、滥用市场支配地位行为与危害竞争的经营者集中等情况。就垄断协议而言，传统的垄断协议的实施主体是企业或行业协会，但在数字经济时代，算法共谋成为新的课题。对于滥用市场支配地位和经营者集中的情况，传统的反垄断分析框架一般先界定相关市场，然后进行市场结构与市场支配地位分析，再在此基础上对行为或并购进行分析。在数字经济时代，相关市场的边界可能因技术的高速发展而不断动态变化。即便我们准确界定了相关市场，但想要合理、准确地衡量特定企业的市场力量也绝非易事。

1. 算法与垄断协议

在数字经济时代，通过算法进行动态定价已成为数字经济相关企业的常用手段。数字经济相关企业通过大量收集、处理消费者、竞争对手及市场的宏观信息，可以大大降低定价过程中的信息不对称程度。根据欧盟委员会于2017年所作的一份调查，58%的受访电商企业会收集竞争对手的价格信息，其中2/3的企业会进一步通过各类算法持续跟踪、抓取竞争对手的价格信息，并将其纳入自身定价的考量范围①。

基于算法的定价无疑增加了企业之间达成垄断协议的可能性。企业之间可以快速对彼此的价格做出反应，意图达成垄断协议的企业可以迅速地相互匹配价格，并监控竞争对手的价格以维持垄断协议，这在传统经济领域是很难实现的。在传统经济领域，经营者常常需要耗费大量的时间来进行价格协调，单个经营者往往有动机偷偷降价，以获取更多的

---

① European Commission. Antitrust：Commission Publishes Final Report on E-commerce Sector Inquiry [EB/OL]．（2017-05-10）［2021-04-11］．https：//europa. eu/newsroom/content/antitrust-commission-publishes-final-report-e-commerce-sector-inquiry-en.

利润。然而，更复杂的问题在于，人工智能的发展导致即便企业之间无意达成垄断协议，但各算法可能通过机器学习实现"默契共谋"，抬升市场价格。

技术的进步提高了垄断协议达成的概率，但并未对反垄断法的构成要件提出挑战。"默契共谋"可能缺乏主观恶意与客观协商，对当前反垄断法的规则提出了挑战。当前，学界已对此进行了初步探讨。例如，周围（2020）为了分析共谋形成的理论内核，从垄断协议的内涵出发寻求引入反垄断法的正当性，建构实现"默契共谋"的判定标准。

2. 相关市场界定与市场支配地位认定

在当前反垄断分析框架中，相关市场的界定一般基于两类方法：一是以需求替代和供给替代为代表的定性方法；二是以 SSNIP 测试为代表的定量方法，即以假定垄断者涨价为实验进行的相关测算。在数字经济时代，以上两类方法都面临着新的挑战。

以互联网平台为例，就替代性而言，互联网平台常常面临两个维度的竞争约束：一是提供类似产品的直接竞争者的竞争，二是广义的"流量竞争"。后者在实践中常常涉及多个不同的产品，如阿里巴巴、腾讯和字节跳动所提供的许多产品并不直接竞争，但业界普遍认为它们在流量方面展开了激烈的竞争。相应地，在界定相关市场时，竞争的范围如何限定，同时需要界定几个相关市场常常成为争议的焦点。一些学者认为相关市场界定并非反垄断分析的必要环节，但另一些学者认为相关市场界定不可或缺（Kaplow，2010；Werden，2012；陈永伟，2020）。一些学者主张对互联网平台进行分类，对不同类型的平台采用不同的方案。例如，Filistrucchi 等（2014）主张基于用户是否存在直接交易对互联网平台进行分类，对于用户间存在直接交易的"交易型平台"，只界定一个相关市场，相关产品为交易撮合服务；对于用户间不存在直接交易的"非交易型平台"，根据产品类型界定多个产品市场。

就 SSNIP 测试而言，在许多情况下，由于交叉网络外部性的存在，平台企业常常向一些市场提供免费产品，导致 SSNIP 测试难以实施。即便 SSNIP 测试可以实施，许多研究也指出需要在 SSNIP 测试中纳入交叉网络外部性的相关参数，否则可能会错误地界定相关市场的范围。近年来，一些经济学家对此进行了研究，提出了把临界损失测试应用到双边市场中的一些重要调整方法。

一方面，就市场力量的测算而言，由于网络外部性、规模经济等因素，拥有越多用户的数字经济企业越容易吸引新的用户，使得一些数字经济企业具有"赢家通吃"的特点，更有效率的企业往往能获得较大的市场份额。另一方面，对以互联网平台为代表的企业而言，价格与市场份额之间并没有明确的函数关系，对许多平台而言，越高的市场份额恰恰越需要低于边际成本的价格来维持，一旦对用户进行收费，用户可能马上转向其他平台（陆伟刚和张昕竹，2014）。这直接动摇了以传统市场份额为市场力量基准的分析范式。此外，如前文所述，数据已成为数字经济企业竞争不可或缺的要素，甚至在一些情况下已成为竞争的"必要设施"。然而，现有的反垄断规则依然以价格分析为核心，价格与数据的关系如何界定依然亟待研究。

当前，学界与实务界的普遍观点是，应多维度综合考虑数字经济企业是否具有显著的市场力量。国务院反垄断委员会于 2021 年 2 月正式发布《关于平台经济领域的反垄断指南》，指出确定平台经济领域经营者市场份额，可以考虑交易金额、交易数量、销售额、活跃用户数、点击量、使用时长或者其他指标在相关市场所占比重，同时考虑该市场份额持续的时间；分析相关市场竞争状况，可以考虑相关平台市场的发展状况、现有竞争者数量和市场份额、平台竞争特点、平台差异程度、规模经济、潜在竞争者情况、创新和技术变化等①。

① 《国务院反垄断委员会关于平台经济领域的反垄断指南》（国反垄发〔2021〕1号）。

第三章 线上"二选一"的竞争与反垄断

第一节 引言

繁荣发展的互联网行业已逐渐成为中国经济发展的新动能。相比传统行业，互联网行业尤其重视流量（也称"注意力"）的规模及其增长（Evans，2013），在传统观念中，线上平台主要通过用户补贴来争夺流量，许多经典的文献亦从此视角说明非对称定价方式的合理性（Rochet & Tirole，2003）。但是，现实中普遍存在用户双边多归属的情况，此时套利行为将削弱平台补贴的效果，使平台在竞争中逐渐采取用户补贴之外的竞争策略。近年来，几家大型线上平台对用户的补贴显著减少，广告营销正逐渐成为平台参与市场竞争的重要武器。几年之间，各大平台的营销广告从线上门户网站、信息流频道迅速蔓延至线下平面、户外媒体，营销的方式也逐渐从传统展示类广告、明星代言迅速拓展至"双十一"、"6·18"、"网红经济"、精准营销等。近五年，几家大型线上平台的销售与广告营销支出以平均51.48%的速度飞速增长，截至 2018 财年，这些平台的销售与广告营销支出都超过了 150 亿元。广告营销支出占总成本的比重日益提高，2018 财年平均约为 31%①。

喧嚣之下，矛盾和争议逐渐显现。近年来，多家平台因涉嫌"二选一"被卷入反垄断诉讼。2021 年 2 月，国务院反垄断委员会公布《关于平台经济领域的反垄断指南》，明确提出"二选一"可能构成反垄断法所禁止的滥用市场支配地位行为。2020 年中央经济工作会议提出，要强化反垄断和防止资本无序扩张，完善平台企业垄断认定、数据收集使用管理、消费者权益保护等方面的法律规范。

为什么线上平台常常在"造节"期间要求商家"二选一"？这种线上的排他行为将如何影响市场竞争与社会总福利？《中华人民共和国反垄断法》与《中华人民共和国电子商务法》应如何对其进行规制？本部分通过线上线下竞争模型对上述问题进行研究。

首先，与现实相对应，我们将生产同一类商品的供应商区分为两类：一类通过线下实体店触达消费者；另一类则通过线上平台与消费者达成交易，并向线上平台缴纳佣金。其次，借鉴 Varian（1980）的建模方式，我们将消费者分为主动型和被动型两类，主动型消费者可能从线上平台购物，也可能从线下实体店购物，而被动型消费者仅从线下实体店购物。在我们看来，所有造节的本质都是信息型广告，它将缺乏信息的被动型消费者转变为主动型消费者。最后，我们假设平台与实体店购物便捷程度不同，具体体现为两者交易成本的差异，并基于经典的 Hotelling 模型刻画平台之间、平台与线下实体店之间的差异化竞争。本部分的核心结论：第一，造节本质上是一种信息

---

① 根据公开财报资料整理。

型广告，会导致消费者在线上线下双向流动。在均衡情况下，消费者信息不对称程度下降，市场竞争强度和社会福利水平都得到提高，但由于线上搜寻和比价成本极低，因此线上平台的造节投入总是会低于社会最优水平（在书中被称为"造节投入不足"）。第二，在线上购物节期间要求商家"二选一"可以提高造节收益，促进造节投入，加剧线上线下竞争，给市场竞争和社会总福利带来积极影响，但也会限制消费者线上购物的选择，对市场竞争和社会总福利产生消极影响。

模型研究表明，当线上购物的交易成本相对于线下足够低时，"二选一"的积极作用大于消极作用，总体而言有利于竞争，可以提升社会总福利水平；反之，则消极作用更大。换句话说，判断线上购物节期间的"二选一"是否合理，需站在社会总福利的角度综合权衡利弊，而福利比较结果与线上线下交易成本的相对大小密切相关。

《国务院反垄断委员会关于平台经济领域的反垄断指南》指出，在分析"二选一"行为时需要兼顾竞争损害与行为的合理理由，包括为保护针对交易进行的特定资源投入所必须，为维护平台合理的经营模式所必须等。本部分提出了一个兼顾竞争损害与行为合理理由的分析框架。分析结果表明，在一定条件下，"二选一"合理性的价值判断可以转化为线上线下交易成本比较的事实判断。对规制者而言，不应单凭"二选一"限制了消费者的线上选择而直接禁止，也不应因其可能促进线上线下竞争而贸然允许，需综合比较线上线下购物的交易成本。

第二节　相关文献回顾

本章主要介绍广告竞争、线上线下竞争、排他行为三方面文献。

由于本章将线上平台的造节活动视为信息型广告，因而此部分内容与广告竞争文献相关。现有文献一般将广告分为信息型广告、说服型广告和互补型广告三类（Bagwell，2007）。信息型广告向消费者传递了价格信息，节约了价格搜寻成本（Stigler，1961）；说服型广告可以改变消费者的偏好，进而为广告投放者带来利润（Joan，1933）；互补型广告可以被视为商品质量的一部分，如将商品与品位、社会地位相关联，因而消费者不仅关注商品本身的价值，也关注广告强度。由于线上平台本身并不生产商品，其核心服务体现为提供价格信息和辅助交易，因此本章将线上平台的造节活动视为一种信息型广告。Butters（1977）刻画了市场竞争中的广告投放行为，发现均衡时的广告水平既可能高于也可能低于社会最优广告水平。本章的模型设置和结论均与 Butters（1977）的研究相似，但是 Butters（1977）的研究并没有关注企业的交易成本（交通成本）差异，而交易效率和消费者流动之间的关系是本章研究的核心问题。因此，Butters（1977）的研究更应被视为两个模式相同的平台（互联网—互联网或线下—线下）之间的广告竞争研究，而非线上线下之间的广告竞争研究。一些文献对线上平台的广告投放行为进行了研究（Chen et al.，2016；耿阳和张玉林，2018），在这些文献中，线上平台是"广告位出售者"而非"广告投放者"。比较而言，本章将线上平台作为"广告投放者"，研究了其对市场竞争与社会福利的影响，发现造节是否促进市场竞争与社会福利主要取决于线上线下交易成本的差异。

就排他行为而言，许多文献都指出排他行为可以解决"搭便车"问题，激励企业投资（Telser，1960；Klein，1988；Segal & Whinston，2000a；Meza & Selvaggi，2007），但在一定条件下，排他行为可能会危害市场竞争与社会总福利（Aghion & Bolton，1987；Bernheim & Whinston，1998；Segal & Whinston，2000b）。本章发现线上购物节期间的"二选一"具有与排他行为类似的效果，它可以避免线上"搭便车"问题，激励线上平台增加造节投入，但也可能削弱竞争。特别地，Carlton 和 Chevalier（2001）、Jing（2018）将排他行为与线上线下竞争中的"搭便车"问题相联系，他们的研究关注线上对线下信息和营销服务的"搭便车"（即"店选网购"）问题，本章则更关注线上平台之间的"搭便车"问题。

一些文献研究了双边平台竞争背景下的排他行为问题，这些文献一般假设平台存在交叉网络外部性，且部分参与人"单归属"（Armstrong & Wright，2007；Doganoglu & Wright，2010；Lee，2013；Lei，2016）。在买卖双方需求异质性的设定下，Belleflamme 和 Peitz（2019）发现排他行为会影响平台从买卖双方处获得的租金，因而在特定情形下，平台有动机要求卖方与其进行排他性交易。在存在"爆款""大 V"（Blockbuster）的设定下，Carroni 等（2024）发现当数字平台间替代性较强时，数字平台会内生地与"大 V"达成排他协议，这会削弱平台间的竞争，也会促进内容提供商的竞争。类似地，在允许卖家存在异质性的设定下，曲创和刘龙（2021）发现排他性协议可显著促进中小规模卖方的销量，降低大卖方的市场份额。本章研究与这些文献的区别在于：第一，本章不仅考虑了线上平台之间的互动，还将线下实体店作为重要的竞争参与者纳入分析中。在我们看来，线上造节和"二选一"表面上是线上平台之间的利益纷争，但是仍不应忽略实体店这个重要的参与者。一方面,购物节并非平台/线上平台之间的零和竞争,因为从历史数据来看,无论是哪个线上平台主导的购物节,各线上平台的交易额都会增加,而这部分线上增量很大一部分来自于线下;另一方面,我们看到越来越多实体店业绩下滑的报道,这说明实体店明显感受到了来自线上的竞争压力。第二,本章将线上平台刻画为网店和消费者的交易中介,未考虑部分线上平台可能受间接网络外部性的影响。本章采用该设定的原因不仅是出于研究目标差异和数学上的简便性考虑,也是因为,根据我们的观察,网店和消费者大都是多归属的,由于线上比价和转换成本极低,消费者可以轻易地在现实渠道商之间"套利",因此线上平台"补贴一方同时向另一方收费"的策略效果十分有限。在此情况下,造节期间的交易活动仍然在很大程度上由产品价格和交易成本决定,而间接网络外部性带来的锁定效应和价格非中性问题则相应弱化。

本章的模型设定主要借鉴了线上线下竞争的相关文献。现有关于线上线下竞争的文献一般通过 Hotelling 模型或者 Salop 模型刻画线上线下渠道的差异(Balasubramanian, 1998; Loginova, 2009; Guo & Lai, 2017; 寇宗来和李三希, 2018)。Balasubramanian(1998)、Jing(2018)专门关注了线上线下竞争中的信息问题。Balasubramanian(1998)假设直销商可以通过选择购物的寄送范围来控制产品信息的覆盖范围,使部分消费者可以从直销和传统实体店两个渠道购物,其余消费者仅从传统实体店购物。在此设定下,他发现直销信息覆盖范围越大,线上线下竞争越激烈,这可能导致商家利润减少,因此直销商会有意地控制信息覆盖范围。Jing(2018)讨论了消费者以"店选网购"(Showrooming)为代表的"搭便车"行为对竞争的影响,发现"店选网购"加剧了线上线下竞争,导致网店和实体店利润双双下降,因此网店和实体店都有动机限制产品的销售渠道,推出差异化的产品。

与过往文献类似，本章采用横向差异化模型刻画线上线下渠道的差异，并利用消费者的信息差异刻画其选择范围的异质性，但与这些文献不同的是：第一，过往文献一般不区分提供产品的网店和提供中介服务的线上平台，但本章进行了区分，并在此基础上研究了线上平台的造节活动对线上线下竞争的影响；第二，线上购物节是一个短期现象，本章并没有关注线上平台及多个实体店之间的竞争造成的市场进入退出问题。

第三节　模型设定

一、线上平台的定义及其竞争环境

在展开分析之前，本章需要先说明模型中的线上平台具体指什么，面临何种竞争环境。不同的定义形成了不同的研究问题。为了紧扣本章的研究目标，我们将关注点限定为使用互联网技术匹配买卖双方的购物平台（如京东、淘宝、饿了么等）。线上平台的三个结构特点如下：

（1）双边平台性。线上平台借助互联网技术匹配买卖双方，促成交易，但是不直接影响商品定价，而是通过向卖方收取佣金盈利。本章的定义借鉴了 Hagiu 和 Wright（2015）的研究。他们认为，双边平台与经销商（Reseller）的区别在于，双边平台帮助两方（或多方）参与人实现直接互动，并且各方参与人主动与平台建立联系。直接互动意味着平台不干预具体互动过程中各方的重要决策，特别是在交易过程中，平台不能直接决定入驻商铺的商品定价。与之不同的是，经销商从上游供货商处购得商品后，可以直接决定转卖价格①。各方与平台建立联系意味着买卖双方都需要付出一定的代价或投资。例如，入驻商铺需要向平台支付佣金，消费者也需要付出一定的交通成本和时间成本。

以往文献通常认为，平台企业具有交叉网络外部性，即平台一端用户的数量越多，就会对另一端用户产生越大的吸引力（Armstrong，2006），但本章并未强调交叉网络外部性。其原因在于：首先，本章实际上选择参照线上线下竞争文献探讨线上造节和"二选一"问题，但在此类文献中，横向差异化竞争是常见设定，并且会将线上线下差异体现在购物的交易成本上。本章虽然涉及线上平台，但我们希望强调的是平台作为交易中介的功能，因此本章将其称为"线上平台"。Hagiu 和 Wright（2015）特别区分了"平台"（Platform）和"零售商"（Retailer）的概念：平台身份强调交易中介（不参与定价）的功能，而零售商身份强调转售（有定价权）的功能（如京东的自营部分）。在本章，我们强调定价权由电商/网店掌握。

其次，以往文献刻画交叉网络外部性的主要原因在于，它会影响平台两边的用户数量（这一般要求部分用户单归属），进而对平台的价格策略产生影响。在本章线上造节的背景下，由于线上比价和转换成本极低，消费者可以轻易地在两个平台之间进行"套利"，导致平台"补贴一方的同时向另一方收费"的策略效果有限，因此最终交易地点仍然在很大程度上由商品价格和交易成本决定。造节期间的双边多归属特点削弱了交叉网络外部性对消费者行为的影响。更具体地说，在线上购物的背景下，本章将消费者的购物过程分为选购环节和交易环节。在选购环节，消费者在任何一个平台/线上平台上搜寻浏览，直到找到心仪的商品；在交易环节，由于商品已经选定，消

———————————

① 部分购物平台提供自营商品，此时购物平台的角色类似于经销商，而非双边平台。

费者面临的是在哪购买的问题，不仅要进行跨平台/线上平台价格比较，还要考虑与平台/线上平台相关的非价格因素，包括平台/线上平台的退换政策、快递速度等。本章认为，在双边多归属情况下，交叉网络外部性仅在选购环节出现，不影响消费者在交易环节的决策。与现实对应则为，在"双十一"期间消费者被吸引至淘宝进行挑选，但是在选定商品后，其仍然会再次在京东上直接搜索此商品，甚至直接找到同一店铺进行比价。如果京东的商品价格更低或者快递服务更让消费者满意，那么最终的交易将在京东上实现。因此，即便考虑交叉网络外部性，消费者最终通过哪个平台/线上平台进行交易仍然在很大程度上由商品价格和交易成本决定。

值得注意的是，Rochet 和 Tirole（2003）既设定了交叉网络外部性，又允许（部分）双边多归属情况存在。那么，为什么上述消费者的套利策略没有影响他们的结论？在本章看来，无论是在 Rochet 和 Tirole（2003）的研究中还是在 Armstrong（2006）的研究中，上述套利策略的影响范围都非常有限。例如，Armstrong（2006）的研究指出，由于消费者在同一时间只能去一家超市，因此假设消费者单归属，此假设直接排除了消费者跨平台套利的可能。正如前文所述，线上购物的便利性使此假设在本章刻画的环境中不再成立。在 Rochet 和 Tirole（2003）的研究中，消费者不能随意套利的原因在于部分商家主动选择了单归属，因为他们希望引导消费者使用（对商家）手续费更低的信用卡。但是，在本章中，电商被预设为多归属，否则就不存在后续的"二选一"问题。鉴于此，本章未强调双边平台之间的定价策略和竞争问题。

（2）线上线下竞争与造节。每个线上平台都面临线上对手平台和线下实体店两类竞争对手。但是，由于网购模式的普及程度有限，部分消费者不会主动考虑网购，仅会在实体店购买。线上平台造节的目的是为这部分消费者提供线上价格信息，使其考虑线上购物。这个特点刻画了线上平台的竞争环境。对部分消费者而言，线上平台之间、线上线下之间都具有一定的相互替代性；对另一部分消费者而言，由于不了解网购模式或者还没有形成网上比价的习惯，因而只会选择线下购物。

（3）信息便利性。消费者线上购物的价格搜寻成本和消费者（在平台间的）转换成本极低，具体表现在两个方面：一方面，线上线下的交易成本具有差异性，并且对许多消费者而言，线上购物的交易成本更低；另一方面，造节具有扩散性，即一个平台的造节会向消费者传递另一个平台的价格信息。

本章使用"交易成本"的概念指代消费者为了完成交易而付出的成本，如价格搜寻成本、交通成本、从一个店家转向另一个店家产生的成本、网购的邮费、等待成本等。线上平台的价格搜寻成本和转换成本低，导致造节的效果在线上具有明显的扩散性。例如，"双十一"期间，虽然主要是淘宝在进行造节推广，但是消费者的比价范围往往超出淘宝，在各个平台上进行全面比价，甚至有相关的网站帮助消费者进行比价。

二、模型设定

如前文所述，本章选择线上线下竞争框架研究线上造节和"二选一"问题。现有线上线下竞争理论的核心分析框架是横向差异化竞争模型，Balasu-bramanian（1998）在此模型框架下讨论了信息供给问题。为了研究线上造节和"二选一"行为，本章在此基础上进行了三方面的拓展：一是区分了电商和线上平台；二是允许两个线上平台并存，共同作为电商的售卖渠道；三是为了刻画平台/线上平台服务的异质性，使用 Hotelling 竞争代替 Salop 竞争。

本章采用传统的 Hotelling 模型框架刻画线上线下竞争环境。竞争参与者包括一个多归属①的网店、两个线上平台②和一个实体店。实体店可以直接与消费者进行交易，但是网店必须通过平台与消费者交易。平台上的每笔交易成交后，该平台都会抽走固定数额的佣金③。

假设总量为 1 的消费者均匀地分布在 [0，1] 线段上，并且平台 i、j 分别处于该线段 1/3 点和 2/3 点上。每个消费者都有单位需求，并且效用均由三部分构成，即商品价值、商品价格和交易费用。因此，处于该线段上的消费者以价格 p_i 从平台 i 处购买的效用为 $u_i(x)=V-p_i-tx$，其中 V 表示单位产品本身带给消费者的效用，x 表示消费者与平台 i 之间的距离。类似地，消费者在平台 j 处购买的效用为 $u_j(x)=V-p_j-ty$，其中 p_j 表示产品在平台 j 的价格，y 表示消费者与平台 j 之间的距离。为了分析简便，我们进一步假设消费者在实体店的交易成本④恒为 s，消费者从实体店购买的效用为 $u_s(x)=V-p_s-s$，其中 p_s 是单位产品在实体店的价格。可以证明，本章模型结构与 Salop 圆环结构是等价的⑤。与寇宗来和李三希（2018）的研究相同，本章假设 V 足够大，使所有消费者购物的效用一定大于其保留效用。

我们用 θ_i 表示平台 i 与实体店之间的临界客户与平台 i 之间的距离，θ_j

① 网店店主在两个平台上都开设店铺。
② 下文若无特别说明，线上平台可简称为"平台"。
③ 由于此时我们没有考虑网络外部性问题，佣金结构中性仍然成立，因此无须关注买卖双方承担比例的问题。
④ 可以将实体店想象为现实中大型连锁百货商场中的店铺，其交易成本主要为交通成本，并且消费者总是可以在附近找到一家门店购买商品，因此交易成本对不同人而言基本相同。从技术上看，这个假设不失模型的一般性。
⑤ 为了看出这一点，我们可以假设平台 i、平台 j 和实体店分别在圆环的 1/3 处。不妨假设介于平台 i 和实体店之间的消费者离平台 i 和实体店的距离分别为 x_i 和 $\frac{1}{3}-x_i$，进而 $u_i-u_s=p_s-p_i+\left(\frac{1}{3}-x_i\right)s-x_it$。令 $s'=\frac{s}{3}$，$t'=s+t$，此时可以等价写成 $u_i-u_s=p_s-p_i+s'-x_it'$，与本章模型结构完全相同。

表示平台 j 与实体店之间的临界客户与平台 j 之间的距离，θ_{ij} 表示平台 i 与平台 j 之间的临界客户与平台 i 之间的距离（见图 3-1）。如果没有信息约束，平台 i 的总需求为 $\theta_i + \theta_{ij}$，平台 j 的总需求为 $\theta_j + \frac{1}{3} - \theta_{ij}$，实体店的总需求为 $\frac{2}{3} - \theta_i - \theta_j$ [①]。

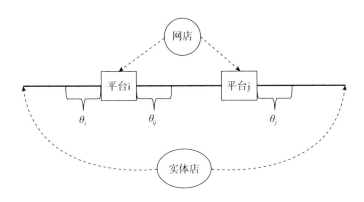

图 3-1　竞争结构

与以往文献一致，本章假设所有消费者都可以通过线下渠道购物，但是否通过线上平台购物取决于消费者面临的信息约束。换句话说，如果消费者未获得线上销售平台的信息，那么该消费者便无法通过线上平台购物。根据该设定，具有网购能力/习惯的消费者会在做出购买决策前在不同平台进行全面比价，但对于面临信息约束的消费者，即便线上购物的成本低于线下，他们也不会"上线"购物。我们将前者命名为Ⅰ型消费者（Informed Con-

---

① 为了刻画线上线下的竞争，本章还需要引入两个技术性假设：A1 线上直接竞争 $\left(s \geq A + \frac{5t}{6} - \frac{t}{2\alpha}\right)$；A2 实体店存活 $\left(s \leq A + \frac{5t}{6}\right)$。A1 保证了两个线上平台之间的直接竞争，A2 保证了在完全信息条件下（$\alpha = 1$）实体店不会被完全挤出市场。

sumers），将后者命名为 U 型消费者（Uninformed Consumers）。假设在初始阶段 Ⅰ 型消费者和 U 型消费者的数量分别为 α_0 和 $1-\alpha_0$，且都均匀分布在 $[0, 1]$ 线段上。进一步假设线上平台可以通过造节将 Ⅰ 型消费者的比例提高，进而增加可能选择"上线"购物的消费者数量。具体而言，假设线上平台可以通过支付 $\dfrac{c(\alpha-\alpha_0)^2}{2}$ 的成本（即"造节投入"），帮助部分 U 型消费者更了解线上购物，获得线上平台的价格信息，进而将 Ⅰ 型消费者的比例提升，即 $\alpha \geqslant \alpha_0$。可以看出，在 α_0 给定的条件下，造节后 Ⅰ 型消费者的比例代表了造节投入规模。为了便于分析，本章假定仅有线上平台 i 可以进行造节投入。

需要指出的是，上述设定意味着造节具有信息外溢性。接收到线上购物信息的 U 型消费者不但会获得线上平台 i 的产品信息，还会凭借线上搜寻和比价成本低的优势获得线上平台 j 的产品信息。其所对应的现实：在"双十一""6·18"这类购物节活动中，消费者并不会只通过主导造节的线上平台购买产品，而是会在充分比价后做出对自己最有利的购买决策。

根据以上设定，网店的利润为：

$$\pi^o = \pi^i + \pi^j = \alpha \left[(p_i - A)(\theta_i + \theta_{ij}) + (p_j - A)\left(\theta_j + \frac{1}{3}\theta_{ij}\right) \right] \tag{3-1}$$

其中，π^i、π^j 分别为网店在线上平台 i、线上平台 j 处获得的交易利润。类似地，实体店的利润为：

$$\pi^s = p_s \left[1 - \alpha + \left(\frac{2}{3} - \theta_i - \theta_j\right)\alpha \right] \tag{3-2}$$

我们进一步假设线上平台的服务成本均为 0，因而线上平台 i、线上平台 j 的收益分别为：

$$\Pi^i = A\alpha(\theta_i + \theta_{ij}) - \frac{c(\alpha-\alpha_0)^2}{2} \tag{3-3}$$

$$\varPi^j = A\alpha\left(\theta_j + \frac{1}{3} - \theta_{ij}\right) \tag{3-4}$$

各个参与人的决策时序如图3-2所示。在第一阶段，平台i决定造节强度 α；在第二阶段，网店和实体店同时决定产品线上价格（P_i 和 P_j）和线下价格（P_s）；在第三阶段，平台给定产品价格，两类消费者分别做出购买决定。

图3-2 线上线下竞争决策时序

本章模型用到的符号汇总如表3-1所示。

表3-1 数学符号汇总

α：造节后 I 型消费者比例	α_0：初始 I 型消费者比例	A：佣金数额
θ_i：线上平台i左端需求量	θ_j：线上平台j右端需求量	θ_{ij}：线上平台i中间需求量
p_i：线上平台i的产品价格	p_j：线上平台j的产品价格	p_s：实体店产品价格
t：网购单位交易成本	s：线下购物的交易成本	π^o：网店总利润
π^s：实体店利润	$\varPi^i$：线上平台i的利润	$\varPi^j$：线上平台j的利润

需要指出的是，本章模型设定与以往文献略有不同。

第一，以往文献一般允许两个企业同时投放广告进行竞争（Butters，1977；Jean，1988）。而本章忽略多方广告竞争，不仅是对现实的刻画，也是对建模技术的简化。一方面，在类似于平台造节的大规模造节活动中，各大平台往往选择不同的日期进行造节投入，将购物节贴上自身标签。例如，"6·18"的造节投入主力是京东，淘宝虽然也会有促销活动，但是其线上线下宣传力度和规模明显无法与京东相匹敌。另一方面，在考虑广告竞争的情况下，广告均衡的效率同样由本章所刻画的私人收益与社会收益之间的关系决定。Butters（1977）率先研究了广告竞争的特点，发现均衡时广告可能过多也可能不足。Jean（1988）正式将此现象解释为消费者"搭便车"效应与企业客户争夺效应之间的权衡。本章刻画的机制与之非常类似，区别在于本章特别关注交易成本差异对此权衡的影响，而之前模型均隐含地假设交易成本相同。从这个角度来看，本章的结论可以轻易地扩展至广告竞争的情形，但是这种模型复杂且并不会增加任何新的结论。正是基于上述考虑，本章选择仅允许单个平台进行造节。

第二，以往文献通常假设消费者在线下实体店购物有异质性交通成本（每个消费者到实体店的距离不一样），而在线上平台购物因为是邮购，大家都支付相同的快递费，因此每个消费者具有相同的快递成本。本章设定恰好与之相反，如此设定主要基于三点理由：①本章设定实际上比看上去的更为一般，而且一些现有文献采用了类似的假定（Jing，2018）；②从不同线上平台购物的消费体验的确有所差异，因此允许线上交易费用存在异质性具有现实基础；③如此设定更便于后续对"二选一"问题的探讨。具体解释如下：

首先，虽然本章仅允许线上交易成本具有人际差异，但是本章的设定实际上等价于线上平台 i、线上平台 j 和实体店三种渠道均具有异质性交易成本。由于真正影响消费者选择的是三个渠道效用的（相对）排序，因此从数学上看，两个变量便足以完全刻画三个选择之间的相对排序。例如，可以将实体店的固定交易成本视为基准，不同的线上交易成本刻画的是两个线上平台的相对便利性。因此，本模型实际上也遍历了所有相对排序的可能。

其次,从现实意义角度看,不同消费者对网购的评价会因为许多原因而不同。Jing(2018)指出,由于无法当面感受产品的效用损失、快递费用、潜在退换货可能等,网购对于每个消费者的价值存在差异。另外,消费者在不同线上平台购物会因为会员身份、退换政策、快递速度等方面的原因而产生体验上的差异。因此,本章模型着重刻画线上购物的异质性问题。

最后,从研究目的角度看,本章最终希望讨论的是"二选一"的合理性问题。如果两个线上平台/渠道商的交易成本相同,那么在本章的框架内两者可以彼此完全替代,"二选一"不会对电商的需求和社会福利产生任何影响,与现实不符。因此,我们也希望模型设定与本章的研究目标相切合。

第四节 线上造节的竞争影响

本节主要考察线上造节活动对线上线下渠道竞争的影响。模型分析表明,线上平台i的造节活动会带来信息效应和相对价格效应,前者指部分原本在线下购物的消费者获得线上信息后转向线上购物(即"上线"),后者则指造节使线上线下价差变小后,部分在线上购物的I型消费者转而到对其而言更便利的实体店购物(即"下线")。在此基础上,本节证明在均衡时,线上造节将导致消费者向线上净流动,线上线下渠道竞争因此加剧,消费者和线上平台均获益。

一、信息效应和相对价格效应

在本章模型设定下，实体店、线上平台 i、线上平台 j 两两"接壤"，这意味着每个平台都有向下倾斜的需求曲线。给定价格 p_i、p_j 和 p_s，线上平台 i 和实体店之间的临界消费者距离 θ_i 满足：

$$V-p_i-t\theta_i=V-p_s-s \tag{3-5}$$

$$\theta_i=\frac{p_s-p_i+s}{t} \tag{3-6}$$

类似地，可以求得线上平台 j 和实体店之间、线上平台 i 和线上平台 j 之间的临界消费者距离分别为：

$$\theta_j=\frac{p_s-p_j+s}{t} \tag{3-7}$$

$$\theta_{ij}=\frac{p_j-p_i}{2t}+\frac{1}{6} \tag{3-8}$$

根据实体店利润函数的一阶条件，可得：

$$p_s=\frac{p_i+t/3-s}{4}+\frac{p_j+t/3-s}{4}+\frac{1-\alpha_0}{\alpha_0}\cdot\frac{t}{4} \tag{3-9}$$

式（3-9）清晰地展示了线上线下渠道之间的竞争特点：第一项和第二项分别是实体店对线上平台 i、线上平台 j 产品定价的反应函数，第三项是 U 型消费者为实体店带来的溢价。类似地，可以计算网店在线上平台 i 上的产品定价为：

$$p_i=\frac{p_j+t/3-A}{6}+\frac{p_s+s+A}{3}+\frac{p_j-A}{6} \tag{3-10}$$

式（3-10）的第一项和第二项刻画了线上平台 i 上的网店对线上平台 j

和实体店竞争的反应函数,第三项刻画了网店在线上平台 j 上的产品定价对其在线上平台 i 上产品定价的影响,体现了多归属的网店部分地将线上平台间竞争的影响内在化。在均衡时,实体店和网店的产品定价为:

$$p_s = \frac{A-s}{3} + \frac{t}{3\alpha} - \frac{t}{18} \tag{3-11}$$

$$p_i = p_j = \frac{2A+s}{3} + \frac{t}{6\alpha} + \frac{t}{18} \tag{3-12}$$

从式（3-11）、式（3-12）可以看出，Ⅰ型消费者越多（α 越大），线上线下产品价格越低[①]。进一步地，计算线上线下产品价差可得式（3-13）。它表明，Ⅰ型消费者越多，线上线下产品价差越小。

$$p_s - p_i = \frac{t}{6\alpha} - \frac{t}{9} - \frac{A+2s}{3} \tag{3-13}$$

线上造节对市场竞争的影响表现为消费者在线上线下的双向流动，具体而言：

第一，线上造节导致信息效应，即部分 U 型消费者在知晓线上产品信息后，Hotelling 模型线段上离线上平台 i、线上平台 j 较近的 U 型消费者将转为 Ⅰ 型消费者，并"上线"购物。这是线上造节对消费者选择的直接影响。

第二，线上造节亦导致相对价格效应，即部分 Ⅰ 型消费者会因线上线下产品价差减小而转向实体店购买。这是因为部分 U 型消费者变为 Ⅰ 型消费者之后，实体店的"基本盘"变小，线下和线上渠道的竞争范围扩大，更激烈的竞争导致线上线下产品价差变小，线上线下临界消费者附近的 Ⅰ 型消费者因线上产品的价格优势变小而转向线下渠道。计算均衡时 θ_i 和 θ_j 可以看出

---

① 本章忽略了 Loginova（2009）、寇宗来和李三希（2018）等学者考虑的市场分割的情形，这是因为本章的分析重点是造节和"二选一"的竞争作用。

这一点：

$$\theta_i = \theta_j = \frac{1}{6\alpha} + \frac{s-A}{3t} - \frac{1}{9} \qquad (3-14)$$

可以看出，θ_i、θ_j 随着造节强度 α 变大而减小。这意味着随着造节力度增大，部分原先选择线上购物的 I 型消费者反而会转向实体店。这是造节通过价格机制对消费者选择的间接影响。

二、参与人收益分析

显然，信息效应和相对价格效应的影响方向是相反的，那么综合来看，线上造节会如何影响各参与人的收益？线上造节会对线上线下渠道产生何种影响？为了回答此问题，首先需要关注消费者的净流向。线上平台 i 造节后的交易量如下：

$$\alpha(\theta_i + \theta_{ij}) = \frac{1}{6} + \left(\frac{s-A}{3t} + \frac{1}{18}\right)\alpha \qquad (3-15)$$

式（3-15）说明线上平台 i 的交易量随 α 的增加而增加，这意味着造节整体上会导致消费者向线上流动，或者说"上线"的消费者总是多于"下线"的消费者。根据产品价格/佣金和交易量，可将线上造节对各参与人的影响进行总结，如表 3-2 所示。

表 3-2　造节对各参与人的影响

参与人	产品价格/佣金	交易量	收益
消费者	−	/	+
线上平台 i	/	+	+
线上平台 j	/	+	+

续表

参与人	产品价格/佣金	交易量	收益
网店	-	+	+/-
实体店	-	-	-

注:"+""-"分别代表收益增加和下降;"/"代表不适用。

可以看到,首先,由于消费者总是向购买成本更低的方向流动,因此消费者的福利总是增加的。其次,对线上平台 i 和线上平台 j 而言,由于佣金固定且交易量增加,因此其收益[①]总是增加的。再次,对网店而言,产品价格和交易量变化方向相反,因此利润不一定增加,甚至当价格下降幅度过大时,网店可能因为造节而利润下降。最后,对实体店而言,产品价格和交易量同时下降,因此利润一定下降。综上所述,可得命题3-1。

命题3-1 线上造节将导致消费者向线上净流动,线上线下竞争加剧。网店和实体店将同时降价且价差减小,消费者和线上平台均获益。

命题3-1解释了线上购物节活动的持续开展,其经济含义在于,线上造节对消费者和线上平台都是有利的,并且两方收益均具有一定可持续性。但是,问题在于,他们获得的额外收益从何而来?根据之前的分析,这部分额外收益原先以信息租金的形式被实体店和网店占有。线上造节使信息不对称程度下降,加剧了实体店与网店之间的竞争,进而将部分租金转化为线上平台和消费者的收益。

近年来,一个流行的观点是"羊毛出在羊身上",该观点认为线上平台的成本将会以某种形式转嫁给消费者,最终仍然需要消费者来买单。命题

---

① 需要指出的是,在计算线上平台收益时我们暂未考虑造节成本问题。实际上,两者的利润肯定也是增加的。如果利润不增加,线上平台 i 就不会选择造节,而线上平台 j 因为免于承担造节成本,利润会上升更多。

3-1 反驳了此观点并指出，只要信息壁垒存在，线上平台通过造节总是可以将线下渠道商的信息租金转化为消费者和线上平台的收益。

第五节 线上造节与投入不足

一、线上造节对社会总福利的影响路径

从规制的角度看，线上造节如何影响社会总福利？如图 3-3 所示，本章认为社会总福利的变化实际上仅由总交易成本的变化决定。具体来说，伴随着消费者流动，利润和消费者剩余同时变化，但是由于所有消费者的总购买成本一定等于所有供给主体的利润之和（图 3-3 中虚线框内的变动会全部抵消），因此社会总福利的变化全部体现为总交易成本的变化。

将社会总福利 W 分为社会总收益 SR 和造节成本 C 两部分。显然，社会总收益 $SR \equiv A\alpha(\theta_i + \theta_{ij}) + \Pi^j + \pi^o + \pi^s + U$，其中 U 为总消费者剩余。

将各方利润和总消费者剩余的表达式代入，可得：

$$SR = V - \frac{\theta_i^2 + \theta_{ij}^2 + \theta_j^2 + \left(\frac{1}{6} - \theta_{ij}\right)^2}{2}\alpha t - \left[1 - \frac{\alpha}{3} - (\theta_i + \theta_j)\alpha\right]s \tag{3-16}$$

对其求一阶导并简单放缩可以发现 $\frac{dSR}{d\alpha} > 0$，这表明随着造节投入的增加，社会总收益也是增加的。换句话说，在线上造节过程中，线上平台的利益不仅与消费者的利益一致，也与社会利益方向一致。这意味着随着消费者的逐

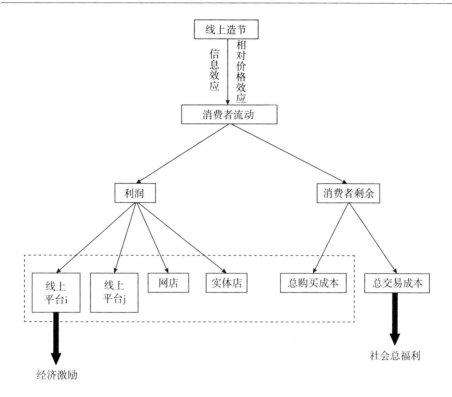

图 3-3 造节对各参与主体收益的影响

利流动，产品、渠道与消费者之间的匹配会更加有效，实现了社会总交易成本的节约。

二、线上造节投入不足

虽然线上平台的造节使社会总福利提高，但这并不意味着造节投入总是能达到社会最优水平。如前文所述，社会总福利的大小主要由总交易成本决定，而对造节进行投入是线上平台 i 的私人行为，其规模和强度由线上平台 i 的私人利润最大化条件所决定，因此社会收益与社会成本不一定总能相互匹配。将式（3-11）和式（3-12）代入线上平台 i 的利润函数并对 α 求导，得到广告的资源供给量为：

$$\alpha^* = \alpha_0 + \frac{A(s-A)}{3tc} + \frac{A}{18c} \tag{3-17}$$

通过线上平台造节的边际私人收益 MPR 和边际社会收益 MSR 可以判断线上造节投入的情况，表达式如下：

$$MPR \equiv \frac{d\Pi^i}{d\alpha}\Big|_{\alpha=\alpha^*}, \quad MSR \equiv \frac{dSR}{d\alpha}\Big|_{\alpha=\alpha^*} \tag{3-18}$$

显然，如果 MPR>MSR，则造节投入过剩，线上平台被过度激励，此时规制者应该限制造节活动。相反，如果 MPR<MSR，则造节投入不足，规制者应鼓励造节活动。如果 MPR=MSR 总是成立，则私人供给恰好是社会最优水平，规制者无需介入。通过比较线上造节的私人收益和社会收益，我们建立命题 3-2。

命题 3-2　在任何 α>0 的条件下，总有 MPR<MSR，即线上造节投入总是低于社会最优水平，存在造节投入不足的问题。

证明：

私人收益和社会收益的表达式为：

$$\pi_i = \alpha(\theta_i + \theta_{ij})A$$

$$SR = V - \left(\frac{\theta_i^2 + \theta_j^2 + \theta_{ij}^2 + (1-\theta_{ij})^2}{2}\right)\alpha t - \left(1 - \alpha + \left(\frac{2}{3} - \theta_i - \theta_j\right)\alpha\right)s$$

$$= V - \theta_i^2 \alpha t - \frac{\alpha t}{36} - s + \frac{\alpha s}{3} + 2\theta_i \alpha s$$

$$= V + \theta_i \alpha(2s - t\theta_i) - \left(\frac{s}{3} - \frac{t}{36}\right)\alpha - s$$

对其求导得：

$$MPR = \left(\theta_i + \frac{1}{6}\right) A - \frac{A}{6\alpha} = \theta_i A + \frac{A}{6} - \frac{A}{6\alpha}$$

$$MPR = \theta_i(2s - t\theta_i) - \frac{2s - t\theta_i}{6\alpha} + \frac{t\theta_i}{6\alpha} + \frac{s}{3} - \frac{t}{36}$$

令 $\Delta \equiv MSR - MPR$,计算可得:

$$\Delta = \frac{5s}{27} - \frac{7A}{54} + \frac{9 - 13\alpha^2}{324\alpha^2} t + \frac{(5s - 2A) \cdot (s - A)}{9t}$$

$$= \frac{60s - 42A - 13t}{324} + \frac{(5s - 2A) \cdot (s - A)}{9t} + \frac{9}{324\alpha^2} t$$

上式第二、三项显然大于 0。根据 A1 有 $s \geq A + \frac{t}{3}$,第一项大于 0,由此可得 $\Delta > 0$。命题 3-2 得到验证。

命题 3-2 表明,线上平台 i 的造节投入总是不足。其原因在于,消费者的线上线下流动均可以节约交易成本,但不能为线上平台 i 带来足额的收益增加。具体表现在两个方面:第一,由于线上比价极其容易,接收到线上信息的 U 型消费者很容易在两个线上平台间比价,因此部分新增线上交易会流向竞争对手线上平台 j。换句话说,线上平台 j 在一定程度上搭了线上平台 i 的"便车"。第二,对于流向线上平台 i 的消费者,其交易成本节约仍大于线上平台的佣金收入。换句话说,线上平台无法通过佣金将消费者的交易成本节约完全"榨取"。这是因为对网店和消费者而言,线上平台的佣金类似于税收楔子,而由于竞争压力的存在,此佣金负担无法完全转嫁给消费者,进而造成总交易成本节约大于线上平台的佣金收入。这对应于 Grossman 和 Shapiro(1984)的市场规模效应和 Jean(1988)的社会剩余的不完全占有效应(Non-Appropriability of Social Surplus)。

进一步值得探讨的问题是,造节投入不足的程度由何决定?可提出命题

3-3。

命题 3-3 令 $s/t=k$，当 α^* 足够大时，$MSR-MPR$ 随 k 的增大而增大。换句话说，线上购物交易成本越低，造节投入反而越不足。

证明：

将 $s=kt$ 代入 Δ 表达式并求导可得：

$$\frac{d\Delta}{dk}=\frac{60t}{324}+\frac{10s-7A}{9}-\frac{At}{54c\alpha^3}$$

证明命题 3-3 只需要使上式大于 0。而上式的前两项大于 0 且第三项小于 0，那么只要第三项足够小即可。因此，只要 α 足够大即可。

从社会最优的角度来看，线上购物的交易成本较低，更多消费者应该在线上购物，但这要求更大规模的造节投入。然而，命题 3-3 表明，线上购物交易成本越低，线上造节对社会总福利的提升作用越大，造节投入越不足。

上述现象背后的经济机制可以从以下两个方面来理解。首先，当 α^* 较大时，客户流动的主要趋势是从线下流向线上，因为额外造节投资带来的线上线下价差变化较小，上线效应也相应较小。其次，对于每个从线下转向线上的消费者，k 越大节约的交易费用越多，MPR 越大社会最优造节水平越高。但是，对平台 i 而言，MPR 总是增加固定值 A，因而平台的造节激励并不会发生改变。当 k 足够大时，消费者每单位流动带来的边际社会收益越大于边际私人收益，私人造节供给水平就越低于社会最优水平。此外，α^* 不能过小的原因在于，当 α^* 较小时，下线效应占主导，社会总交易成本的节约主要是因为线上线下价差减小后，消费者从线上转向线下。此时，线上交易成本越高，下线效应节约的社会总交易成本就越大，私人（佣金）收益就越接近社会收益。

可以看到，消费者流动过程中的收益外溢性是造成造节供给不足和效率困境的根本原因，即社会收益高于私人收益。那么，如何理解这种收益不匹配和外溢性现象呢？

从技术上看，原因有三个方面：第一，消费者转向线上交易而节约的交易成本与其向平台支付的佣金一般不相等。对造节后的新增线上交易而言，平台从每笔交易中收取相同的佣金，但是每个上线消费者节约的交易费用是不同的。因此，平台从每笔新增交易中获得的收益（私人收益）容易与消费者的交易费用节约（社会收益）出现差额。第二，造节活动后，并非所有交易费用的节约都会增加平台的利润。例如，下线效应造成消费者从线上流向线下，节约了这部分消费者的交易成本，提升了社会福利。但是对平台而言，下线效应意味着客户流失，利润减少，因而下线效应过大反而会打击其造节积极性。第三，由于线上造节的扩散性，部分新增线上交易会流向竞争对手平台。这导致了一定程度的"搭便车"问题。与实体店相比，互联网造节的扩散性更大，因此这部分收益流失也更加明显。

从现实看，这主要与造节特点和平台收费模式有关。在造节问题上，私人收益和社会收益相匹配要求所有上线下线消费者都向平台 i 付费，并且付费金额等于每个人的交易成本节约额。造节"被动服务"的特点：作为受益方的消费者无法主动选择是否接受造节的信息提供服务，由平台向消费者直接进行信息投放①，造成平台难以直接对其进行收费和定价，因而平台对造节的收费只能间接地体现在新增用户带来的佣金收益上。这种服务和收费模式造成了私人边际收益与社会边际收益之间的不匹配，具体体现在以下两方面：

第一，收费对象与受益者之间的不匹配。当平台进行造节时，所有上线和下线的消费者都得以通过线上线下流动而消减交易成本，但是只有最终在平台 i 购物的上线消费者向平台支付了佣金费用。换句话说，转向平台 j 和

---

① 与之相反，一般商品、服务的交易必须由买卖双方同时同意。

转向线下的消费者虽然获得了收益，但是并未为之付费，因此产生了"搭便车"问题。

第二，收费数额与社会收益之间的不匹配。一方面，造节行为并不是实际意义上的市场行为，因为在竞争市场上，商品的提供者和接受者均可以通过用脚投票来影响价格，保证均衡时价格既反映了边际成本，又反映了边际支付意愿。而造节的接受者（即消费者）只是被动地接受广告和信息，不能选择拒绝接受，因此其向平台 i 支付的佣金并不能反映其支付意愿。换句话说，造节是被动性服务，定价过程中的需求方缺失参与，导致佣金收益既可能高于社会收益而造成造节过度，也可能低于社会收益而造成造节不足。另一方面，Hotelling 线段上不同位置的消费者因广告节约的交易成本也不同，但平台不能对每个消费者收取不同的佣金。反过来说，如果平台 i 能够有效地进行价格歧视，即对不同消费者的相同交易进行差异化定价，那么就可以缓解社会收益与私人收益的差额。但是，在目前平台的佣金模式下，无论定额佣金还是比例佣金，都对每笔交易收取相同的费用，因而无法准确捕捉每个消费者的异质性收益。更重要的是，"因人定价"的价格歧视在实践中被质疑为"杀熟"，遇到了很大的道德争议，因此即使技术上可以实现，也会遇到巨大的现实阻力。

那么，线上平台和信息技术如何加剧上述不匹配问题？一方面，信息技术使消费者的转换成本几乎为零，因而客户流动更加容易，平台更难对受益者进行收费。消费者可以更轻易地在一家线上平台获取信息，然后在另一家（也许更便宜）购买。在实体店模式中，这个问题并不严重，因为消费者更换卖家需要承担一定的交通成本和时间成本，而在电子商务模式下，消费者只需打开对手平台的网页再次搜索即可，几乎不存在任何转换成本。因此，类似的广告和造节活动在线上平台更具有明显的外溢性，效率困境更加凸显。另一方面，线上平台上的消费者更加多样，同时价格更加透明，价格歧视更容易被发现且争议更大，因而收费数额与社会收益更加难以匹配。与实体店相比，线上平台可以覆盖更大范围的消费者，自然用户人群更加多样，每个人从线下转向线上节约的交易费用更加不同，另外线上平台上的价格歧视易于被发现，收费数额与社会收益之间的不匹配更加明显。

总而言之，具有"被动服务"特点的造节与平台佣金模式之间的矛盾，导致造节活动的供给平台无法向全部受益者收费，收费数额往往与社会收益不一致，产生了供给不足的结果。当线上购物的交易成本较低时，社会交易费用的节约明显大于平台的佣金收益，造成了"越有效、越不足"的困境。如果平台盈利模式不发生变化，本章指出的现象及其形成机制会一直存在。

需要注意的是，当 α^* 非常小时，此结论不成立。当 α^* 较小时，经济表现出两方面特点：一是网购模式极其小众（α_0 较小），二是造节投入强度有限（可能由于造节成本 c 过高或者线上交易成本 t 过高）。此时，造节活动的信息效应较小而相对价格效应较大，下线效应占主导，社会总交易成本的节约主要通过促进消费者线下购物实现。线上交易成本越高，下线效应节约的社会总交易成本就越大，这与命题 3-3 所刻画的机制恰好相反。这对应于线上购物兴起之初，网购方式只有小部分消费者了解，发展不成熟且艰难拓展时的情形。我国当前的网购模式已经颇具规模，网络连接和支付手段等相关基础设施的发展水平迅速提高[1]，每次线上造节带来的关注度极高（即信息效应显著），因此不应认为网购仍然是小众选择且造节规模有限，或者可以认为，命题 3-3 的结论在当前基本成立。

---

① 截至 2020 年 4 月，我国网民已达到 9.04 亿，互联网普及率达 64.5%。资料来源于中国互联网络信息中心发布的第 45 次《中国互联网络发展状况统计报告》。

第六节 "二选一"的竞争与福利分析

线上平台在线上购物节期间的"二选一"行为引发学界的激烈讨论。那么，为什么线上购物节总是与"二选一"同时出现？"二选一"又是如何影响竞争与社会总福利的？规制者应该如何规制"二选一"行为？

一、"二选一"的竞争影响分析

应先考虑网店接受线上平台 i 的"二选一"后线上线下整体竞争结构的变化。此时，消费者无法从线上平台 j 处购得产品，因而 I 型消费者的选择变为从实体店购买或从线上平台 i 处购买。记存在"二选一"时的网店价格为 p_{exc}^i，实体店价格为 p_{exc}^s，造节后 I 型消费者数量为 α_{exc}，线上需求比例为 θ_{exc}。计算可得：

$$p_{exc}^i = \frac{2A+s}{3} + \frac{t}{6\alpha} \tag{3-19}$$

$$p_{exc}^s = \frac{A-s}{3} + \frac{t}{3\alpha} \tag{3-20}$$

$$\alpha_{exc} = \alpha_0 + \frac{2A(s-A)}{3tc} \tag{3-21}$$

$$\theta_{exc} = \frac{1}{3\alpha_{exc}} + \frac{2(s-A)}{3t} \tag{3-22}$$

将式（3-11）和式（3-12）与式（3-19）和式（3-20）对比发现，引入"二选一"后网店价格下降了$\frac{t}{18}$，线下价格上升了$\frac{t}{18}$。比较式（3-17）和式（3-21）发现，Ⅰ型消费者数量增加了$\frac{6s-6A-t}{18tc}A$，但是选择线上购物的比例下降了。

造成这种现象的主要原因是，"二选一"行为存在两种效应，即限制竞争和增加造节投入。一方面，由于缺少了线上平台 j，消费者的整体可选择范围变小，位于 Hotelling 线段右端的消费者从线上购物的交易成本提高，因此部分消费者转入实体店消费。这导致线上消费者比例下降，此时网店必须降价以提高自身的吸引力，而实体店则可以适当抬价以增加利润。另一方面，对线上平台 i 来说，"二选一"解决了造节投入中的信息外溢问题，因此同样强度的造节投入可以吸引更多的客户。在造节成本函数不变的情况下，线上平台 i 自然会选择更多的造节投入。

本章将"二选一"对均衡价格和各方收益的具体影响总结为命题 3-4。

命题 3-4 "二选一"的引入会促使线上平台 i 增加造节投入。相比没有"二选一"的情形，线上平台 i 的利润增加，线上产品价格下降，线下产品价格上升，但依然低于造节前的情形。

命题 3-4 表明，"二选一"将线上造节收益内部化，可以"收回"被其他线上平台抢走的"上线"消费者以增加自身利润，进而使线上平台 i 的私人收益和社会收益差距减小。这解释了为什么线上平台在造节时会倾向于要求网店"二选一"。此外，命题 3-4 也表明，"二选一"不一定符合网店和其他线上平台的利益。对网店而言，虽然"二选一"后造节强度的提高带来了更多的客流量，但是其产品价格下降了，因此总利润未必会增加。对线上平台 j 而言更是如此，"二选一"会造成其被排挤出市场而丧失全部收益。这解释了为何在现实中部分网店和竞争对手均会对"二选一"感到不满。

二、"二选一"的福利分析

"二选一"对社会总福利的影响较为复杂。与网店供应两个线上平台的情形相比：一方面，"二选一"排挤了竞争，使实体店可以收取更高的价格，Hotelling 线段右侧的消费者所承担的交易费用变高，线下购物的消费者所承担的产品价格变高；另一方面，"二选一"提升了线上平台 i 造节投入的激励，缓解了造节投入不足的问题。换句话说，"二选一"对社会总福利的影响本质上体现为，限制竞争的福利损失和增大造节投入的福利收益之间的权衡。记存在"二选一"时的社会总福利为 W_{exc}，无"二选一"时的社会总福利为 W_{free}，可得出命题3-5。

命题3-5 令 $k = s/t$，当 k 足够大且允许线上平台进行造节并"二选一"时，社会总福利高于无"二选一"时的社会总福利，即 $W_{exc} > W_{free}$；反之，则 $W_{exc} \leqslant W_{free}$。

证明：

将禁售和自愿广告时的社会福利分别记作 W_{exc} 和 W_{free}。令 $W_{exc} \geqslant W_{free}$，得：

$$V - \frac{\theta_i'^2}{2}\alpha't - [1 - \alpha' + \alpha'(1 - \theta_i')]s - \frac{c\alpha'^2}{2}$$

$$\geqslant V - \frac{\theta_i^2 + \theta_{ij}^2 + \theta_j^2 + \left(\frac{1}{3} - \theta_{ij}\right)^2}{2}\alpha t - \left[1 - \alpha + \alpha\left(\frac{2}{3} - \theta_i - \theta_j\right)\right]s - \frac{c\alpha^2}{2}$$

对上式进行放缩可得：

$$\frac{\left(\theta_i+\theta_j+\theta_{ij}+\frac{1}{3}-\theta_{ij}\right)^2}{8}\alpha t+\left[1-\alpha+\alpha\left(\frac{2}{3}-\theta_i-\theta_j\right)\right]s+\frac{c\alpha^2}{2}\geq\frac{\theta_i'^2}{2}\alpha' t+\left[1-\alpha'+\alpha'(1-\theta_i')\right]s+\frac{c\alpha'^2}{2}$$

$$\frac{\left(\theta_i'+\frac{1}{9}\right)^2}{8}\alpha t+\left[1-\alpha+\alpha\left(\frac{2}{3}-\theta_i-\theta_j\right)\right]s+\frac{c\alpha^2}{2}\geq\frac{\theta_i'^2}{2}\alpha' t+\left[1-\alpha'+\alpha'(1-\theta_i')\right]s+\frac{c\alpha'^2}{2}$$

由于 $\theta_i'\leq 1$ 且 $(\theta_i')^2+\frac{2}{9}\theta_i'+\frac{1}{81}\geq\frac{2}{9}\theta'$，继续放缩左右两边得：

$$\frac{\theta_i'}{36}\alpha t+\left[1-\frac{\alpha}{9}-\alpha\theta_i'\right]s+\frac{c\alpha^2}{2}\geq\frac{\theta_i'}{2}\alpha' t+\left[1-\alpha'\theta_i'\right]s+\frac{c\alpha'^2}{2}$$

$$s\left(\theta_i'(\alpha'-\alpha)-\frac{\alpha}{9}\right)\geq\frac{\theta_i'}{2}t(\alpha'-\alpha)+\frac{c}{2}(\alpha'-\alpha)(\alpha'+\alpha)+\frac{17\theta_i'\alpha t}{36}$$

将 $\theta_i'=\frac{1}{3\alpha'}+\frac{2(s-A)}{3t}$，$\frac{1}{\alpha'}\geq 1$ 和 $\alpha\leq 1$ 代入不等式左边放缩，同时使 $\theta_i'\leq 1$，将 $\alpha'-\alpha\leq 1$，$\alpha'+\alpha\leq 2$，$\alpha\leq 1$ 代入不等式右边放缩，可得：

$$s\left[\left(\frac{1}{3}+\frac{2(s-A)}{3t}\right)\frac{6s-6A-t}{18tc}A-\frac{1}{9}\right]\geq\frac{t}{2}+c+\frac{17t}{36}$$

$$k\left[\left(\frac{1}{3}+\frac{2(k-A/t)}{3}\right)\frac{6k-6A/t-1}{18c}A-\frac{1}{9}\right]\geq\frac{c}{t}+\frac{35}{36}$$

假设 t 给定，不等式左边是关于 k 的增函数，当 k 足够大时，该不等式一定成立。

命题3-5的经济含义非常直观，说明当线上交易成本相对线下足够低时，"二选一"可以提升社会总福利。W_{exc} 和 W_{free} 之间的关系如图3-4所示。根据命题3-3，当线上交易成本相比线下足够低时，造节投入不足的问题会非常严重，"二选一"激励造节投入带来的社会收益大于限制竞争造成的福利损失。我们可以略微不严谨地解释：考虑位于 Hotelling 线段右侧，原先在线上平台 j 处购买而在"二选一"后转向线上平台 i 的 I 型消费者，其交易

成本会增加 $t/3$。该交易成本的增加可近似[①]认为是"二选一"的社会成本。同时，更多 U 型消费者会由于信息效应转向线上购物，并节约交易成本 $s-xt$（x 为其离线上平台 i 的距离）。此即（近似）为"二选一"的社会收益。随着 k 的增大，"二选一"的社会收益逐渐大于社会成本，提升了社会总福利。

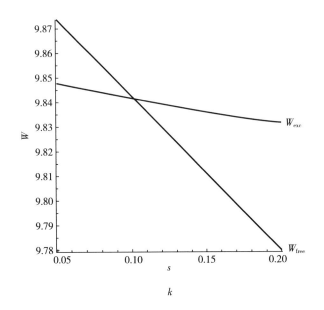

图 3-4　有无"二选一"的社会总福利比较

注：参数为：$t=1$，$s=0.2$，$V=10$，$A=0.05$，$\alpha_0=0.2$。

上述命题的分析是在仅有线上平台 i 进行造节，且佣金固定的假定下展开的。事实上，造节后线上平台之间还可能产生佣金竞争。例如，线上平台

---

　①　近似是因为我们没有考虑相对价格效应和消费者从线上平台 j 转向实体店的情况。这是因为：第一，当 k 较大时，相对价格效应较小，社会总福利主要由信息效应决定；第二，从线上平台 j 转向实体店的消费者虽然增加了自身花销，但是可能节约了交易费用，因此不一定能被计算为社会成本。

・60・

j虽然不承担线上造节的成本，但是可以通过略微降低佣金来增加其平台产品的竞争力，从而吸引更多消费者流向自己。假设线上平台i、线上平台j的佣金都是外生的，不允许其调整。如此简化的最直接的原因在于，允许佣金竞争将会导致数学表达式极其复杂，许多均衡结果甚至没有解。不过，佣金外生的假设不会从大方向上改变本章的结论。因为允许佣金竞争会造成两种结果：一是线上平台j的"搭便车"问题更加严重；二是为了应对竞争，线上平台i的佣金必然下降，导致其造节的私人收益进一步减少。两者均会加剧造节投入不足问题，这与现有结论方向一致，不会影响本章的核心机制和结论的有效性。

三、进一步分析

在以上研究中，线上平台i的交易量随α的增加而增加。当α较小时，其可以反映为用户从线下向线上迁徙的"用户培育期"；当α较大时，其也可以反映为用户从线下向线上迁徙的"平稳成熟期"。

蔡跃洲等（2024）指出，在线上经济发展方兴未艾、"上线"用户比例较少的用户培育期，数字平台排他行为的投资保护效应更为显著，净福利影响为正。在用户培育期，数字平台面临的主要矛盾是推动经济范式转变，将原本在线下进行的交易转向线上。在此过程中，包括培养用户消费习惯的补贴、对商户的引流、对物流的改善在内的许多非专用性投资都由数字平台支出。由于线上经济转换成本较低，这类投资很容易被竞争对手"搭便车"，从而引致社会层面的投资不足问题。数字平台的线上排他行为既可以减少"搭便车"行为，也能强化线上竞争优势，推动更多用户上线。上线交易用户比例较小，线上排他行为的选择限制效应相对有限，产生了正向的净福利影响。

据此，竞争执法部门可根据线上排他行为竞争与福利影响的阶段性特征，结合个案具体情况，对数字平台的线上排他行为进行相机治理。

第七节　结　论

近年来，线上平台在线上购物节期间的"二选一"行为引发诸多争议。为了理解线上造节与"二选一"的内在联系及其竞争和福利影响，本章在 Balasubramanian（1998）、寇宗来和李三希（2018）研究的基础上，构建了包含一个多归属网店、两个线上平台和一个实体店的线上线下竞争模型。得出以下结论：

第一，线上造节会带来信息效应和相对价格效应，前者指原本从线下购物的消费者因为信息约束的改变而转向线上购物，后者则指线上线下价差变小后，线上购物的消费者由"图便宜"变为"图方便"，进而转向线下。在均衡时，消费者线上线下双向流动活动可以扩大消费者选择范围，加剧线上线下竞争，有利于社会福利提升。

第二，在均衡时，线上造节的私人收益总是小于社会收益，因而面对自发投资不足（在本章中被称为"造节投入不足"）问题，不足的程度与线上交易成本的相对大小有关。

第三，"二选一"在一定程度上可以缓解上述自发不足问题，但也可能危害竞争。当线上交易成本足够小时，"二选一"增加线上造节激励的积极作用大于其限制竞争的消极作用；反之，则消极作用更大。

在本章看来，线上造节本质上是新旧销售渠道之间的竞争。在本章设定下，消费者的信息约束是阻碍线上线下充分竞争的根源，而线上平台的造节活动帮助消费者克服了信息壁垒，在向线上引流的同时加剧了竞争，使得网店和实体店同时降价，社会总福利提升。从本质上看，降价让利来自竞争的加剧和实体店信息租金的消解，社会总福利的提升是因为消费者可以从交易成本更小的渠道购物。

后续研究可以就以下方面进行拓展：首先，并非所有的线上产品、服务都与线下存在显著的竞争关系，后续研究可以进一步讨论线上线下产品、服务替代性强弱如何影响线上造节与"二选一"的规制问题。其次，本章假设线上平台的收益仅来自佣金收入，在现实中，线上平台的收益可能来自佣金、广告位拍卖、竞价排名、自营收入等多个方面。后续研究可以进一步讨论更加复杂的收益方式如何影响线上造节与"二选一"的规制问题。

第四章　条件折扣的竞争与反垄断

第一节　引言

由于判例法传统的影响及排他行为的复杂性，各国执法机构与法院提出了诸多排他行为的分类方法及判断排他行为违法性的实体规则。许多学者建议对排他行为的判别应当避免狭义的形式主义，否则难以从本质上把握其经济特征（吉尔伯特和黄昆，2020）。许多法院也在一些案件中对一些新兴但又存在争议的行为使用排他行为的反垄断实体规则，即使用"排他行为范式"。

然而，这一做法常常引发争议，其中的典型代表为"条件折扣"（Conditional Pricing）。顾名思义，条件折扣即企业在给定条件下向客户提供的折扣。一些学者担心，具有市场支配地位的企业提供的条件折扣会吸引或迫使全部或大部分消费者仅从其处购买产品，进而实现"事实上"的排他行为并以此排挤竞争对手，因此建议条件折扣遵循排他行为范式（Moore & Wright，

2015）。一些法院在相关案件中认为条件折扣适用排他行为范式，如美国第三巡回法院在 ZF Meritor 案中认为相关折扣构成事实上的排他行为①。

上述观点亦面临诸多质疑与挑战。首先，任何排挤竞争对手的指控都面临"芝加哥批判"的挑战，即企业需要为消费者接受排挤竞争对手的商业策略提供激励，但通过排挤竞争对手获得的利润往往无法弥补消费者的福利损失，企业不能通过排挤竞争对手获得更多利润，也就没有动机实施排挤性行为（Posner，1976；Bork，1978）②。其次，许多学者进一步强调折扣本身具有"明显的"促进竞争的效果，因此任何对折后价高于成本的折扣的反垄断谴责事实上都破坏了反垄断法试图保护的价格竞争（Lambert，2005；Hovenkamp，2006；Durkin，2017）。受这些观点的影响，大部分美国法院都对条件折扣保持谦抑，尚无法判定企业的条件折扣是否违反反垄断法（OECD，2016）。许多法官在条件折扣案件中要求引入价格—成本测试来判断条件折扣是否导致折后价低于成本定价（Moore & Wright，2015）。例如，欧盟法院于 2017 年撤销了普通法院 2014 年的裁决，要求普通法院根据案件事实重新评判英特尔的价格折扣是否构成滥用。欧盟法院亦对英特尔提出的对涉案折扣进行价格—成本测试的要求表示支持③。美国第三巡回法院在 ZF Meritor 案后，又在 Eisai 诉 Sanofi-Aventis 案中拒绝认定 Sanofi-Aventis 的条件折扣构成"事实上"的排他行为，并对该案进行了价格—成本测试④。

那么，条件折扣能构成"事实上"的排他行为吗？它是否会危害竞争，

---

① ZF Meritor, LLC v. Eaton Corp., 696 F. 3d 254, 275（3d Cir. 2012）.

② "芝加哥批判"假定消费者为最终消费者，且生产不存在规模经济。如果企业成功实施排挤性行为，其利润的增加将等于消费者福利损失减去无谓损失。

③ Reuters. EU's Top Court Refers Intel Antitrust Case Back to Lower Court［EB/OL］.（2017-09-06）［2025-01-21］. https://www.reuters.com/article/business/eus-top-court-refers-intel-antitrust-case-back-to-lower-court-idUSB5N1G8025/.

④ Eisai Inc v. Sanofi Aventis U. S. LLC, No. 14-2017（3d Cir. 2016）.

又能带来哪些类型的竞争损害？在反垄断案件中，它是否适用排他行为范式，不同类型的竞争损害要求哪些市场条件？本章通过两个理论模型对此进行研究。

与相关文献相同，本章采用两个关键假设，即市场存在某种形式的不可竞争部分，以及允许消费者存在需求量差异。

本部分首先假设市场的大企业可以满足消费者的全部需求，但小企业存在产能限制，无法满足消费者的全部需求。当前，大部分条件折扣的反垄断案件都涉及"市场不可竞争部分"的市场环境，即部分消费者需求只能由具有市场支配地位的企业满足。其原因包括产能限制、消费者品牌偏好、专利等（RBB Economics，2005）。在现有文献中，Ordover 和 Shaffer（2013）、Degraba（2013）、Choné 和 Linnemer（2016）、Chao 等（2018）、Salinger（2017）假设部分产品只能从支配企业处购买，并将此归因为消费者特殊的品牌/质量/产品类别偏好或者企业的产能限制。与相关文献相同，本部分通过产能限制来刻画市场不可竞争部分的存在，并尝试探讨不同程度的产能限制对企业条件折扣及相应的市场均衡的影响。

此外，本部分假设两个企业生产同质产品，但允许消费者存在需求量差异。换句话说，在同一价格水平下，允许两个客户购买同样数量的产品，允许大客户比小客户购买更多的产品。相比较而言，现有文献主要在同质产品与代表性消费者假设（Elhauge，2009；Feess & Wohlschlegel，2010；Karlinger & Motta，2012；Elhauge & Wickelgren，2015；Choné & Linnemer，2016；Chao & Tan，2018）、"品牌竞争"假设（Greenlee & Reitman，2005；Inderst & Shaffer，2010；Degraba，2013；Choné & Linnemer，2015；Choné & Linnemer，2016；Salinger，2017）、消费者偏好多个采购来源假设（Ordover & Shaffer，2013；Calzolari & Denicolò，2013）下探讨企业采用条件折扣的动机

与竞争影响①。本部分既允许消费者同质，也允许消费者存在异质性。本部分消费者异质性假设的现实基础为，当前几乎所有条件折扣的反垄断案件都对应"中间产品"的提供，但不同的下游企业对中间产品的需求量存在区别。举例来说，在2016年利乐案中，市场监督管理总局指出利乐与其竞争对手同时为伊利、光明、汇源等饮料企业提供同等品质的包材，在同一价格水平下，不同饮料企业对包材的需求量存在很大差异。在2014年Eisai案中，赛诺菲依据其在依诺肝素类药品中的占比为医院提供条件折扣，但不同医院依诺肝素的用量不尽相同。

基于上述假设，本部分证明条件折扣确实能够成为"事实上"的排他行为，且大企业可以据此阻碍或排挤在位竞争对手。具体而言，大企业可以通过具有较高标签价与折扣门槛的条件折扣实施"排挤竞争策略"，小企业必须以低于成本的价格才能争夺接受条件折扣的客户。在相应的"排挤均衡"下，客户仅从大企业处采购产品，小企业被迫退出市场。

本部分亦证明，虽然条件折扣可能构成"事实上"的排他行为，但条件折扣不应被单纯用于"排他行为范式"。本部分指出，当消费者需求量差异较大时，大企业仅需要锁定大客户就可以实现利润最大化，大企业可以通过条件折扣实施"市场分割策略"，即一方面通过设置较高的标签价与折扣门槛提高小企业争夺大客户的难度，另一方面以高于小客户可接受的"折扣价"把小客户"让"给竞争对手，诱使竞争对手高价供货给小客户，并放弃争夺大客户。本部分证明，当小企业产能与市场需求满足一定条件时，存在"市场分割均衡"——两个企业将默契地分别仅供货给一个客户，并都获得正利润。如果"排挤均衡"与"市场分割均衡"不存在，类似伯川德模

---

① 值得一提的是，Greenlee和Reitman（2006）研究中亦存在"大客户"与"小客户"，其中"大客户"可以被认为多个小客户的"代理商"。

型的相互削价过程将使模型不具有纯策略纳什均衡解。

本部分研究为条件折扣的反垄断规制提供了理论基础。在反垄断案件中，大部分法院与执法机构所认同的价格—成本分析不是一个合适的反垄断工具，"排他行为范式"也不完全适用于条件折扣。条件折扣使企业对"影子价格"而非直接价格作出反应，"芝加哥批判"将因此失效，条件折扣可以被用于排挤竞争对手，也可以被用来实现与竞争对手的默契共谋。相应地，折后价格不仅不会低于成本，还可能等于"垄断价格"。价格—成本测试不能作为条件折扣是否危害竞争的判别标准，仅能作为识别条件折扣排挤竞争对手的必要非充分条件。

需要指出的是，在实践中条件折扣的折扣门槛可能依据采购数量，也可能依据采购份额。前者一般被称为全件折扣（All-Units Discounts），后者则常被称为份额折扣（Market-Share Discounts）。限于篇幅，本部分主要基于份额折扣进行阐述，但可以确定的是，本部分观点同样适用于全件折扣。

第二节　相关文献回顾

厂商的价格行为如何影响市场竞争一直是产业组织与反垄断领域的重要话题。汪浩（2004）探讨了零售商异质性情况下转售价格维持的福利效果。汪浩（2006）探讨了大零售商通道费的竞争与福利影响。赵玻（2008）研究了主导零售商顾客锁定折扣的竞争效应及政府规制取向。董烨然（2012）讨论了大零售商通道费与市场效率的关系，并讨论了大零售市场主导下有关进场费纵向合约的市场均衡与福利影响。向玉兰和周津（2010）讨论了附条件折扣的反垄断规制。吴汉洪和钟洲（2016）研究了搭售行为的反垄断争议。唐要家和司少杰（2017）基于美国、欧盟的执法经验，探讨了支配企业折扣滥用行为的反垄断问题。

Kolay 等（2004）指出上游垄断厂商可以通过条件折扣解决双重加价问题。在完全信息条件下，条件折扣的效果与两部定价一致；在不完全信息条件下，条件折扣定价的获利将高于两部定价。O'Brien（2017）指出，在纵向关系中条件折扣一方面可以激励上游垄断厂商投资，另一方面可以激励下游垄断厂商扩大产出，从而解决双重道德风险问题。Fischer 和 Schwalbe（2010）指出，在上游垄断厂商面临下游共谋的情形下，上游垄断厂商可以通过一个秘密的条件折扣打破下游共谋，而增量折扣与两部定价难以实现类似的效果。这些文献解释了条件折扣的合理性，但难以解释相关理论在竞争环境下是否依然适用、条件折扣如何影响横向竞争。

Maier-Rigaud（2005）指出，条件折扣可以通过折扣门槛处负的增量价格锁定客户。Ordover 和 Shaffer（2013）基于存在转换成本和预算约束的两期模型指出，优势企业通过在第二期提供负的价格来排斥竞争对手的均衡。Karlinger 和 Motta（2012）指出，在存在规模经济与消费者异质性的情况下，优势企业可以通过条件折扣锁定大客户并阻止其进入。本部分研究与这些文献的区别在于：其一，本部分研究证明锁定效应不仅可以来源于低于成本的价格，还可以来源于与竞争对手分割的市场；其二，本部分研究证明了实施两类锁定的前提条件。

许多文献认为，条件折扣实质上构成了"事实上"的排他行为。Erutku（2006）指出，在位企业的一次性"返点"可以引致下游企业与其进行排他行为，并阻碍高效率竞争者进入。Marx 和 Shaffer（2004）、Elhauge（2009）指出，若消费者承诺进行排他行为，优势企业可以通过折扣把竞争对手挤出市场。Karlinger 和 Motta（2012）、Moore 和 Wright（2015）在规模经济/网络效应的假设下指出，在位企业可以通过追溯性数量折扣，使潜在进入者无法达到最小有效规模，进而阻碍其进入。Degraba（2013）通过一个下游存在消费者偏好异质性的模型指出，优势企业可以通过条件折扣诱使下游企业进行排他行为，但其反竞争效果的实现不要求竞争对手被完全排挤出市场。Elhauge 和 Wickelgren（2015）探讨了仅从在位企业处购买产品的忠诚客户提供比非忠诚客户更低的价格对市场竞争的影响，结果表明存在消费者都承诺不从其他企业购买产品的"阻碍进入"均衡。Choné 和 Linnemer（2016），在在位企业与消费者不了解潜在进入者信息的假设下指出，企业与消费者可以通过条件折扣达成纵向共谋，以实现"进入租金"，并在一定条件下，使潜在进入者被排除出市场。一些文献亦认为条件折扣可以实现"局部排挤"：它不会把小企业完全排挤出市场，但小企业的销售量与利润会被条件折扣削弱，消费者可能承受更高的价格。其中，Inderst 和 Shaffer（2010）、Degraba（2013）指出，企业可以通过份额折扣削弱下游竞争，并实现局部排挤；Choné 和 Linnemer（2016）则指出，在位上下游企业在效率—租金权衡下可能会选择局部排挤而非阻止潜在进入者进入；Chao 等（2018）的研究表明，大企业选择局部排挤，以防止竞争对手把价格定为边际成本。Feess 和 Wohlschlegel（2010）通过一个进入模型阐述了条件折扣与排他行为协议在实践上的区别，以及如何引致剩余分配的差异。Calzolari 和 Denicolò（2013）在信息不完全条件下指出，排他行为与条件折扣在竞争影响上存在不同。本部分研究与这些文献的区别在于：本部分研究不依赖规模经济、消费者承诺、信息不完全等假设，指出优势企业可以通过条件折扣锁定客户，即实现"排他行为"，但这一"排他行为"是通过低于成本的增量价格或与竞争对手进行市场分割来实现的。本部分系统探讨了这一"排他行为"与传统排他行为协议的区别。

在有关折扣引致共谋的文献中，Díaz 等（2009）通过刻画两阶段伯川德—埃奇沃斯模型提出，企业可以通过明示其标签价，为竞争对手提供可置信的定价和打折承诺，从而使价格默契共谋成为纯策略纳什均衡解。本部分研究与该文献的主要区别在于，以折扣为切入点证明定价策略，可以引致非价格默契共谋，即市场分割。Elhauge 和 Wickelgren（2015）基于排他行为框架指出，条件折扣可以导致市场分割，而市场分割是混合策略纳什均衡解。本部分研究与该文献的主要区别在于：其一，Wright（2008）、Lambert（2012）指出 Elhauge 和 Wickelgren（2015）忽略了现实折扣与排他行为协议的区别，因而更像是在探讨"最惠国待遇"条款而不是条件折扣。为了区分排他行为协议，本部分刻画了更符合实际的折扣模型。其二，本部分研究证明市场分割可以是一个纯策略纳什均衡，而非混合策略纳什均衡。Salinger（2017）在给定市场不可竞争部分、消费者同质、产品存在差异的前提下指出，条件折扣可以实现市场分割，但 Salinger 自身亦承认，给定市场不可竞争部分等假设过于苛刻。本部分研究与该文献的区别在于：其一，解释了优势厂商通过条件折扣实现市场分割的一般前提；其二，解释了市场不可竞争部分如何影响均衡的实现；其三，探讨了更符合实践的同质产品及差异化消费者的情形。

广义来说，本部分研究直接从"打折"策略角度证明伯川德—埃奇沃斯模型存在纯策略纳什均衡解。Levitan 和 Shubik（1972）、Maskin（1986）证明了混合策略纳什均衡解的存在。后续文献主要从产量承诺（Kreps & Scheinkman，1983）、价格承诺（Díaz et al.，2009）、行动顺序（Marc，1992）等假设出发，发现伯川德—埃奇沃斯模型证明纯策略纳什均衡解的存在。

第三节　模型设定

一、基本假设

本部分将构建一个允许消费者存在异质性、企业存在产能差异的博弈模型。我们假设市场有四个参与人：客户 I 与客户 II，企业 A 与企业 B。遵照惯例，假设消费者的目标为效用最大化，企业的目标为利润最大化。

假定企业 A 与企业 B 生产无差异的产品，企业 A 可以生产任意数量，而企业 B 的产能存在上限，记为 β。为了更好地展示结论，我们不失一般性地假定企业的生产成本均为 0。

在需求方面，假设客户 I 的效用函数为 $u_I = -\frac{1}{2}q^2 + (x+k)q + (w-E)$，客户 II 的效用函数为 $u_{II} = -\frac{1}{2}q^2 + xq(w-E)$，其中 q 表示购买量，w 表示预算约束，E 表示消费支出，x 和 k 均大于零且表示市场规模相关的常数。设消费者以价格 p_1 从企业 A 购买数量为 q 的产品，同时以价格 p_2 从企业 B 购买数量为 q_2 的产品，支出 $E = p_1q_1 + p_2q_2$。本部分效用函数具有如下特点：首先，具有边际效用递减与线性需求曲线两个经典属性。其次，该效用函数可以刻画同质消费者（$k=0$）的情形，也可以刻画消费者存在异质性（$k>0$）的情形[1]。当 $k>0$ 时，在相同价格下客户 I 总是会购买更多的产品。最后，客户效用与价格成反比，这意味着在企业可以满足客户全部需求量的情况下，客户会选择价格更低的企业作为独家供应商。当企业 B 存在产能约束时，即使其价格更低，也可能无法满足客户的全部需求量，客户仍愿以更高的价格从企业 A 处购买一定数量的产品，我们称之为"混合购买"。简单计算可得，产能约束要求 $\beta<2x+k$ 即企业 B 的产能不能完全满足两个客户的有效需求之和的上限。

参与人的行动顺序（见图 4-1）：第一步，两个企业同时行动，给出各自的价格策略；第二步，两个消费者同时行动，分别选择供应商和购买量；第三步，所有参与人获得收益（效用或利润）。

图 4-1　参与人行动顺序

按照子博弈完美纳什均衡的思路，我们主要关注企业的定价均衡，并且将消费者的最优选择行为以需求函数的形式代入企业的决策问题。这一点在后文的均衡分析中会更清楚地展现。

---

[1]　在现有文献中，常见的消费者差异源于品牌偏好或产品偏好，准确地说，本部分中的消费者差异源于产品偏好。

二、不存在条件折扣时的企业竞争

我们尝试将传统的"一价竞争"作为条件折扣分析的参照系。在本部分的模型中，由于产品是同质的，消费者对企业并无"忠诚度"可言，他们总是愿意购买价格更低的商品。因此，如果企业 A 的价格更低，企业 A 会获得全部需求。然而，若企业 B 的价格更低，由于存在产能限制，企业 B 将完全释放其产能，企业 A 则覆盖市场的剩余需求。本部分使用现有文献常用的"有效配给原则"[①]，分别得到两个企业的利润函数：

$$\pi_A(p_1,\ p_2)=\begin{cases}p_1\cdot d(p_1) & \text{if } p_1\leqslant p_2 \\ p_1\cdot[d(p_1)-\beta] & \text{if } p_1>p_2\end{cases} \qquad (4\text{-}1)$$

$$\pi_B(p_1,\ p_2)=\begin{cases}p_2\cdot\min[d(p_2),\ \beta] & \text{if } p_2<p_1 \\ 0 & \text{if } p_2\geqslant p_1\end{cases} \qquad (4\text{-}2)$$

命题 4-1 当企业 B 存在产能限制（$\beta<2x+k$），且企业间进行"一价竞争"时，不存在任何纯策略均衡。

证明：

反证法。需要首先证明不可能存在一个"容纳均衡"，使企业 A 选择放任企业 B 释放产能并满足剩余需求，它也总有动机偏离该策略。进一步证明，企业间相互削价竞争不存在纯策略纳什均衡解。

假定均衡价格策略组合（$p_1,\ p_2$）满足 $p_1\geqslant p_2$，使企业 A 选择容纳策略，客户 I 与客户 II、企业 A 与企业 B 均可实现自身最大化目标。考虑到企

---

① 在该配给规则下，如果产品 2 更具吸引力，那么每个消费者都会优先从企业 B 购买产品，直至达到其产能上限，企业 B 亦"公平"地将产能配给给每个消费者。如果消费者需求未完全满足，他们会继续从企业 A 处购买。这种配给方式使消费者剩余最大化，因而被称为"有效配给规则"。

业 B 的利润最大化动机，给定 $p_1 \geq p_2$，企业 B 收取的最高价格为 $p_1 = p_2$，卖出的最多数量为其产能上限。如此，它会将价格提升至 p_1，并且卖出最多数量（即 β）的产品。考虑到企业 A 的利润最大化动机，如果企业 A 选择容纳策略，设客户 I 与客户 II 购买企业 B 的产品数量分别为 q_2^{I} 与 q_2^{II}，则有 $0 \leq q_2^{\mathrm{I}} \leq x+k$，$0 \leq q_2^{\mathrm{II}} \leq x$，$q_2^{\mathrm{I}} + q_2^{\mathrm{II}} = q_2 = \beta$。当企业 B 存在产能限制时，有 $\beta < 2x + k$，此时，$q_2^{\mathrm{I}} < \dfrac{k+\beta}{2}$，企业 A 面临的剩余需求为：

$$d(q_1) = \begin{cases} 2x+k-\beta-2p_1, & \text{if } p_1 < x-\beta+q_2^{\mathrm{I}} \\ x+k-q_2^{\mathrm{I}}-p_1, & \text{if } x-\beta+q_2^{\mathrm{I}} \leq p_1 < x+k-q_2^{\mathrm{I}} \\ 0, & \text{if } p_1 \geq x+k-q_2^{\mathrm{I}} \end{cases}$$

容易证明，给定企业 B 的策略（$p_2 = p_1$，$q_2 = \beta$），总是存在一个微小的降价 $\varepsilon > 0$，满足 $2\varepsilon^2 + (2x+k-4p_0)\varepsilon/p_0 < \beta$，且 $\varepsilon^2 + (2x+k-4p_0)\varepsilon/p_0 < q_2^{\mathrm{I}}$，这使得企业 A 通过削价占领整个市场的利润大于容纳企业 B 的利润，企业 A 总是有动机选择偏离容纳策略。

进一步考虑企业间的相互削价。相互削价将把价格推向边际成本定价，我们需进一步证明边际成本定价不是纳什均衡。可以看到，在价格策略组合（0，0）下，企业 A 总是有动机选择容纳策略，即在企业 B 产能所不能覆盖的剩余需求方面设置正的价格，并获得正利润。

综上所述，当不存在条件折扣且企业 B 存在产能限制时，模型不存在纯策略纳什均衡解。

此结论与现有的伯川德—埃奇沃斯模型文献相似，企业总是有动力通过削价来偏离均衡。同时，它亦表明需求量差异与产能差异本身并不足以造成市场分割和反竞争排斥。

三、条件折扣的刻画

为了更好地说明条件折扣对竞争的负面影响，我们先假设企业 A 采用条件折扣，而企业 B 采用"一价"策略，企业 B 的价格策略 $s_B \equiv p_2 \in ¡^+$。此假设看似是对小企业的定价策略施加的额外约束，但从后续分析及结论可以看出，小企业事实上没有能力通过实施条件折扣危害市场竞争。进一步以 $s_A \equiv (p_0, p_1, T)$ 表示企业 A 实施的条件折扣。其中，$p_0 > p_1, ¡^+$ 是非负实数集合。未达到市场门槛 $T(T>0)$ 的客户需要为其购买的每个产品支付"标签价" p_0，而达到折扣门槛的客户则要为购买的每个产品支付"折扣价" p_1。需要指出的是，这里仅考虑了存在一个折扣门槛的情形，而现实中可能存在多个折扣门槛，我们将在下文对折扣门槛的数量选择做更进一步的探讨。

给定企业的策略组合，消费者会作出最优购买决策，进而确定各企业的产量。在前文"一价竞争"模型中，企业价格、需求之间的关系十分直接：所有客户总是会优先选择定价更低的企业，定价更低的企业总是可以获得全部需求或释放全部产能。价格较高的企业要么通过削价（Undercut）来争夺客户，要么（在竞争对手存在产能限制时）以更高的价格占领竞争对手不能覆盖的剩余需求。当企业 A 引入条件折扣（p_0，p_1，T）后，企业价格、需求之间的关系变得更加复杂，企业需要对影子价格而非直接价格作出反应。

对条件折扣的标签价来说，正如 Salop（2017）所言，理论上条件折扣的标签价可以设置为正无穷，但折扣价要低至消费者愿意购买的程度。此时，一方面消费者愿意接受条件折扣；另一方面所有高于消费者有效需求（$x+k$ 或 x）的标签价 p_0 都不再导致消费者需求量变化，消费者对企业 A 的需求恒为0。因此，我们引入第一类影子价格，即标签价的窒息价格（Choke Price），在本部分模型中，它是使消费者对 A 产品的需求量为 0 的最低标签价。记客户 I 与客户 II 的窒息价格分别为 p_0'、p_0''，简单计算可得，$p_0' = \min(p_0, \ x+k-\beta)$，$p_0'' = \min(p_0, \ x-\beta)$。

对条件折扣的折扣价而言，如前文所述，接受条件折扣后，消费者的总支付在折扣门槛处会出现一个骤降。如果企业 B 希望在折扣门槛处争夺客户，那么就必须补偿消费者不能达到折扣门槛而损失的总量折扣。因此，我们引入第二类影子价格，即折扣价的临界价格（Critical Price）。由于本部分探讨的是条件折扣是否会产生完全或部分排他的反竞争问题，因此我们主要关心消费者仅从 A 处购买产品的临界价格，它是指消费者仅从企业 A 处购买产品与混合购买产品获得的效用无差异的价格。给定企业 B 的价格策略 $s_B \equiv p_2 \in \mathbb{R}^+$，令客户 I、客户 II 愿意仅从企业 A 处购买产品的临界价格分别为 $\tilde{p}_1$ 和 $\hat{p}_1$，则有：

$$\tilde{p}_1 = x+k-\sqrt{(x+k-p_0')^2 + 2(p_0'-p_2)\beta}, \quad \hat{p}_1 = x-\sqrt{2\beta \cdot (p_0''-p_2) + (x-p_0'')^2}$$

显然，给定 $s_B \equiv p_2$，$\tilde{p}_1$ 和 $\hat{p}_1$ 是客户 I、客户 II 愿意仅从企业 A 处购买产品的最高价格。当折扣价高于临界价格时，消费者会选择企业 B 作为供货商（之一）。类似地，给定企业 A 的条件折扣（p_0, p_1, T），令客户 I、客户 II 愿意从企业 B 处购买产品的临界价格分别为 $\tilde{p}_2$ 和 $\hat{p}_2$，它们是消费者愿意进行混合购买所能接受企业 B 产品的最高价格。如果企业 B 定价高于 $\tilde{p}_2$，那么客户 I 将只选择企业 A 作为供货商；如果企业 B 定价高于 $\hat{p}_2$，那么客户 II 将只选择企业 A 作为供货商。故有：

$$\tilde{p}_2 = p_0' - \frac{(p_0'-p_1)\left(x+k-\dfrac{p_0'+p_1}{2}\right)}{\beta}, \quad \hat{p}_2 = p_0'' - \frac{(p_0''-p_1)\left(x-\dfrac{p_0''+p_1}{2}\right)}{\beta}$$

简单计算后可以看出，上述影子价格有两个特点：一是有 $\hat{p}_1 \leqslant \tilde{p}_1$ 和

$\hat{p}_2 \leqslant \tilde{p}_2$，即如果企业 A 的价格能吸引客户 II 全部从企业 A 处购买产品，那么企业 A 的价格自然能吸引客户 I 全部从企业 A 处购买产品。其原因在于，同一价格水平下，客户 II 的需求量相比客户 I 更小，因此它可被企业 B 满足的概率更大，对企业 A 的需求依赖更小。企业 A 通过条件折扣对客户 II 产生的影响更小，它必须提供比客户 I 更低的价格才能吸引客户 II。二是 $\tilde{p}_2$ 和 $\hat{p}_2$ 分别与折扣幅度 $p_0'-p_1$、$p''-p_1$ 成反比。折扣幅度越大，企业 B 就需要以越低的价格来吸引客户[①]。

第四节　以条件折扣实现反竞争策略

本部分通过两个例子分别阐述企业如何通过条件折扣排挤竞争对手，如何通过条件折扣实现默契共谋。在此基础上，我们将探讨实施反竞争策略的必要条件，包括反竞争策略对折扣门槛的要求，以及消费者异质性如何影响反竞争策略。

一、企业使用条件折扣的动机

1. 通过条件折扣排挤竞争

考虑市场环境 $(x, k, \beta) = (10, 12, 0.2)$，客户 II 的有效需求量 $x =$

---

① 准确地说，存在"名义折扣幅度" p_0-p_1 与"实质折扣幅度" $p_0'-p_1$，本部分我们讨论实质折扣幅度。

10，客户 Ⅰ 的有效需求量 $x+k=22$，企业 B 的产能上限 $\beta=0.2$。考虑企业 A 的条件折扣 $(p_0, p_1)=(9.8, 8)$，即 100% 从企业 A 处购买的客户享受折后价（8），否则必须支付标签价（9.8）。若企业 B 希望争取到客户 Ⅰ，则其定价不能高于 $\tilde{p}_2=-118.1$，即低于其生产成本；若企业 B 希望争取到客户 Ⅱ，则其定价不能高于 $\hat{p}_2=-0.1$，且仍然低于生产成本，因此企业 B 将退出市场，不会进行生产，其产量为 0。企业 A 同时供应客户 Ⅰ、客户 Ⅱ，总利润为 128；企业 B 由于不参与竞争，利润为 0。

我们可以看到，此时企业 A 可以通过条件折扣把竞争对手赶出市场，同时获得正利润。亦可验证，首先，条件折扣策略是企业 A 独占市场的纯策略纳什均衡解，企业 A、企业 B 均不会偏离均衡。对企业 B 而言，任何生产都只能获得负利润，因此企业 B 不会进行生产。对企业 A 而言，第一种可能的偏离方式是，通过定价组合（21.8，11）对客户 Ⅰ 进行垄断定价。这种做法虽然放弃了客户 Ⅱ，但是可以收取更高的单价。此时，企业 A 的利润为 121，小于当前利润。第二种可能的偏离方式是，放任企业 B 进行生产，并通过（线性）定价（7.95，7.95）满足剩余需求，此时其利润为 126.405，亦小于当前利润。其次，此时企业 A 获得的利润等同于其独占市场并对消费者收取统一价格的垄断利润，折扣并未给企业 A 带来"损失"。

在上述例子中，企业 A 把竞争对手赶出市场的关键是，条件折扣可以使 $\tilde{p}_2<0$，$\hat{p}_2<0$，此时即便企业 A 的价格为正，但所有客户依然选择 100% 从企业 A 处购买产品，我们将其命名为排挤竞争策略，有：

定义 4-1 排挤竞争策略是指给定市场环境 (x, k, β)，满足如下条件的条件折扣 (p_0, p_1, T)：① $\tilde{p}_2<0$；② $\hat{p}_2\leqslant 0$。

值得一提的是，以上策略也可以被解释为一个在位企业排挤潜在竞争对手进入市场的策略。假设 A 为在位企业，其面临潜在进入企业 B 的进入。以上策略也可以解释为，条件折扣与产能优势的结合使企业对"影子价格"而非直接价格作出反应，当小企业产能约束较大时，即便消费者更偏好小企业的产品，大企业也可以把产能优势转化为竞争壁垒，并以此阻碍竞争对手进入。

2. 通过条件折扣实现市场分割

考虑市场环境 $(x, k, \beta) = (10, 12, 5)$，此时本例与前例的唯一区别在于，企业 B 的产能上限 $\beta = 5$。考虑企业 A 的条件折扣 $(p_0, p_1) = (17, 9.9)$，即 100% 从企业 A 处购买的客户享受条件折扣后的价格（9.9），否则须支付标签价（17）。我们可以看到，仅有客户 I 可以接受企业 A 的条件折扣，客户 II 不会接受该条件折扣，因为即便客户 II 满足折扣条件，折扣价依然高于标签价的窒息价格 $p_0'' = \min(p_0, x-\beta)$。对企业 B 而言，若企业 B 希望争取到客户 I，则其定价不能高于 $\tilde{p}_2 = 4.859$；若企业 B 希望争取到客户 II，则其定价不能高于 $\hat{p}_2 = 7.499$，但要高于成本，甚至高于客户 II 的窒息价格。对企业 B 而言，仅供货给客户 I 的最高利润为 25，高于同时争夺客户 I 的最高利润 24.25。为了实现利润最大化，企业 A 与企业 B 将分别仅供货给客户 I 与客户 II，企业 A 仅为客户 I 供应 12.1 单位产品，获得利润 119.79；企业 B 仅为客户 II 供应 5 单位产品，获得利润 25。

我们可以看到，此时，企业 A 可以通过条件折扣分割市场，条件折扣一方面提高了客户 I 的"竞争壁垒"，致使企业 B 需要以负的价格竞争客户 I；另一方面可以通过客户 II 难以接受的价格把客户 II 让给竞争对手。对竞争对手而言，与其低价争夺客户，不如仅供货给客户 II，并对其收取高价。由此可以验证，此时条件折扣引致了一个企业 A 与企业 B 分割市场的纯策略纳什均衡。为了看出这一点，考虑企业 A 若是希望成功争取到客户 II，则它可以采取三种方式：采用"一价"4.9争夺市场，采用条件折扣（5，1.3）争夺市场，放任企业 B 生产并定价 6.75 以满足剩余需求。三种情况的利润分别为 108.78、76.44 与 91.125，利润都低于分割市场的利润。对企业 B 而言，如前文所述，分割市场的利润高于同时争取客户 I 的利润。

上述例子表明，在一定条件下，企业 A 仅"锁定"需求量更大的客户 I 的利润高于企业 A 争夺两个客户的利润，但企业能否成功实现市场分割亦依赖竞争对手与客户 II 的策略选择。为了锁定"大客户"，企业 A 通过条件折扣提高大客户的竞争壁垒，同时把客户 II 让给竞争对手（$\hat{p}_1 \leq p_1 \leq \tilde{p}_1$），使竞争对手仅供货给客户 II 的利润大于通过"价格战"争夺两个客户的利润，企业 B 将仅供货给客户 II，我们将其命名为市场分割策略。

定义 4-2　市场分割策略是指给定市场环境（x，k，β），满足如下条件的条件折扣（p_0，p_1，T）：$\hat{p}_1 \leq p_1 \leq \tilde{p}_1$。

二、反竞争策略的折扣门槛

在实践中，有些企业的条件折扣的门槛仅有一个，如在 ZF Meritor 案件中，被告 Eaton 针对四名重卡传送装置采购商的需求定制了一个可获得条件折扣的最低采购份额（70%~90%）[1]。在欧盟英特尔案件中，戴尔和惠普可获得条件折扣的采购份额分别为 100% 与 95%。在 Eisai 案件中，被告为其生产的依诺肝素提供了含多个折扣门槛的条件折扣，折扣幅度依据其生产的 Lovenox 占医院采购类似药物总份额的 75%~90%，从 15% 增至 21%。在利乐案件中，利乐为客户提供依据采购数量的条件折扣，折扣门槛包含多个折扣阈值。本部分将探讨条件折扣反竞争策略对折扣门槛的要求，有：

---

[1]　ZF Meritor, LLC v. Eaton Corp., 696 F. 3rd 254（3rd Circuit 2012）.

命题 4-2 如果条件折扣依据采购份额提供，两类反竞争策略都要求折扣门槛 T 设为 100%。

证明： 假设折扣门槛为 $t(0<t<100\%)$，且存在策略组合 (p_0, p_1, p_2)，$p_1>p_2$，我们记客户 I 的需求为 $d^I(p_0, p_1, p_2)$。对客户 I 而言，仅从企业 A 处购买产品的总支出为 E_1，从企业 A 处购买刚好满足折扣门槛的产品，而其他产品从企业 B 处购买（当企业 B 产能较少时，即便从企业 B 处购买等于企业 B 产能的数量，依然可以达到企业 A 的折扣门槛，从企业 B 处购买等于企业 B 产能的数量，其余从企业 A 处购买）的总支出记为 E_2，有：

$$E_1 = d^I(p_0, p_1, p_2)p_1$$

$$E_2 = \min\{d^I(p_0, p_1, p_2)t, \ d^I(p_0, p_1, p_2)-\beta\}p_1 +$$

$$\max\{d^I(p_0, p_1, p_2)\times(1-t), \ \beta\}p_2$$

可以看到，只要 $p_1>p_2$，总是有 $E_1>E_2$，客户 I 总是会选择混合购买，两类反竞争策略都无法实现，故折扣门槛总是设为 100%。

需要强调的是，本部分假定两类企业的成本是相同的，在生产存在最小有效规模或企业 B 本身面临更高成本的情况下，实现反竞争策略的折扣门槛可以低于命题 4-1 与命题 4-2 所证明的折扣门槛，这解释了为什么有些折扣门槛未达到 100% 却可以实现排他的效果。

三、需求异质性与反竞争策略选择

接下来，我们将探讨需求异质性如何影响企业的策略选择，需要首先引入企业 A 使用条件折扣后两个企业的利润函数。

给定企业 A 的条件折扣，令折扣门槛为 100%。企业 A、企业 B 的利润函数可用如下分段函数表示：

$$\pi_A = (p_0,\ p_1,\ p_2) = \begin{cases} p_1 \cdot d(p_1) & \text{if } p_1 \leqslant \hat{p}_1 \\ p_1 \cdot (x+k-p_1), & \text{if } \hat{p}_1 < p_1 \leqslant \widetilde{p}_1 \\ p_0 \cdot [d(p_0) - \beta], & \text{if } p_1 > \widetilde{p}_1 \end{cases} \qquad (4-3)$$

$$\pi_B = (p_0,\ p_1,\ p_2) = \begin{cases} p_2 \cdot \min(d(p_2),\ \beta), & \text{if } p_2 < \widetilde{p}_2 \\ p_2 \cdot \min(d_{II}(p_2),\ \beta), & \text{if } \widetilde{p}_2 \leqslant p_2 \leqslant \hat{p}_2 \\ 0, & \text{if } p_2 > \hat{p}_2 \end{cases} \qquad (4-4)$$

相比没有条件折扣的情形［式（4-1）］，企业 A 的利润函数分为三段，分别对应三种需求情形[①]。情形 1：企业 A 排挤企业 B。如果 $p_1 \leqslant \hat{p}_1$，那么客户 I、客户 II 均愿意 100% 从企业 A 处购买并享受折扣价，因此企业 A 的利润 $\pi_A = p_1 \cdot d(p_1)$。情形 2：企业 A 实现大客户锁定，独自供应客户 I。如果 $\hat{p}_1 < p_1 \leqslant \widetilde{p}_1$，那么仅客户 I 愿意从企业 A 处购买，因此其利润 $\pi_A = p_1(x+k-p_1)$。情形 3：企业 A 仅满足剩余需求。剩余需求是指企业 B 达到产能上限之后仍然未被满足的部分需求。显然，如果 $p_1 > \widetilde{p}_1$，那么客户 I、客户 II 的首选供应商均为企业 B，并且仅在无法从企业 B 处购得产品时才会考虑企业 A。需要指出的是，我们假设此时两个客户均从企业 B 购得部分产品，即进行混合购买，那么他们在企业 A 处只能按照标签价格购买，即企业 A 的利润为 $\pi_A = p_0 \cdot [d(p_0) - \beta]$。由此验证，一个客户进行混合购买而另一个客户仅从企业 A 处购买的情形不影响本部分结论。

类似地，相比没有条件折扣的情形［式（4-2）］，企业 B 的利润函数也分为三段。当 $p_2 < \widetilde{p}_2$ 时，所有客户都愿意从企业 B 处购买，此时企业 B 面临的需求量为 $d(p_2)$，但由于企业 B 的产能有限，因此有可能无法完全满足

---

① 如果客户对两个企业无差异，一般而言需要引入另外的假设来规定客户需求如何在两个企业之间分配。本部分假设客户无差异时，优先从企业 A 处购买。由此可以证明，这种简化处理对分析和结论没有任何影响，而且还避免了对价格微小差异的讨论。

全部客户的需求，因此其利润为 $p_2 \cdot \min(\beta, d(p_2))$；当 $\widetilde{p}_2 \leq p_2 \leq \hat{p}_2$ 时，仅客户Ⅱ愿意从企业 B 处购买，其利润为 $p_2 \cdot \min(d_{II}(p_2), \beta)$；当 $p_2 > \hat{p}_2$ 时，没有客户愿意从企业 B 处购买，其利润为 0。

给定利润函数，我们可以证明：

命题 4-3　对企业 A 而言，实施排挤竞争策略要求 $k/x \leq \sqrt{2}$，而市场分割策略所要求的需求异质性条件是 $k/x \geq 1$。

证明：

首先，证明市场分割策略的存在意味着存在价格策略组合 (p_0, p_1, p_2) 满足式 (4-9)~式 (4-14)。我们将通过式 (4-12) 证明，如果 $k < x$，那么在任何 β 下都不存在价格向量 (p_0, p_1, p_2) 满足式 (4-9)~式 (4-14)。

其次，由式 (4-11) 可知，$p_1 \leq \dfrac{x+k}{2}$，由式 (4-9) 可知，$p_2 \leq \dfrac{x}{2}$，分别将 $p_1 \leq \dfrac{x+k}{2}$ 和 $p_2 \leq \dfrac{x}{2}$ 代入式 (4-12) 的左右两边求得：

$$\frac{(x+k)^2}{4} \geq \frac{(x+k)x}{2}, \ k \geq x$$

这意味着如果 $x > k$，那么无论 p_1 和 p_2 取何值，式 (4-12) 一定不成立。换句话说，$x \leq k$ 是共谋均衡存在的必要条件。

同理，对式 (4-7) 进行放缩可以得到，排他均衡的必要条件是 $k \leq \sqrt{2}x$。

命题 4-3 的经济含义是，当需求量差异较小时，企业 A 有可能实施排挤竞争策略。当需求量差异较大时，企业 A 将实施市场分割策略。具体而言，两个客户的差别较小，企业对两类客户的最优定价差别也较小。当需求量差异大于一定程度时，企业对两类客户的最优定价差别较大，排挤竞争策略的

实现要求 p_1 足够小，且能够锁定客户 Ⅱ。对企业 A 而言，与其以低价排挤竞争，不如仅锁定客户 Ⅰ 并对其收取高价。虽然销售量将因此降低，但其降低的幅度可能小于折后价增加的幅度，如果总利润因此提高，那么企业 A 就没有动机排挤竞争，而是更愿意分割市场。

需要注意的是，上述命题仅阐述了企业 A 实施两类反竞争策略的必要条件，但两类必要条件存在重合部分 $k/x \in [1, \sqrt{2}]$。从下一节的均衡分析可以看到，重合部分的实际策略选择进一步依赖产能差异的大小。

第五节　市场均衡分析

需要指出的是，定义 4-1 与定义 4-2 仅要求在给定反竞争策略下，市场呈现把竞争对手挤出市场或将市场分割的竞争格局，并不保证相应的竞争格局是一个市场均衡，也不能保证相应的策略是企业的最优策略。对企业 A 而言，如果策略不能引致市场均衡，它要么有动机偏离其策略，要么无法通过条件折扣实现相应的反竞争策略。因此，本节探讨在什么情况下反竞争策略可以引致纳什均衡解，在什么情况下反竞争策略无法引致纳什均衡解。

一、均衡定义与均衡条件

我们需要先明确本部分的均衡概念：

定义 4-3　如果价格向量 (p_0^*, p_1^*, p_2^*) 满足如下两个条件，则称其为均衡：

$$\pi_A(p_0^*,\ p_1^*,\ p_2^*) \geq \pi_A(p_0,\ p_1,\ p_2^*),\quad \forall\,(p_0,\ p_1)\in S_A$$

$$\pi_B(p_0^*,\ p_1^*,\ p_2^*) \geq \pi_A(p_0^*,\ p_1^*,\ p_2),\quad \forall\,p_2\in S_B$$

定义 4-3 的经济含义十分明确：如果 $(p_0^*,\ p_1^*,\ p_2^*)$ 是一个均衡，那么任何企业在给定对手企业价格策略的条件下，无法通过改变自己的策略来获益。

从上文可以看到，如果排挤竞争策略可以引致均衡，那么在均衡状态下企业 A 将独占市场，而企业 B 将因此退出市场，我们称其为"排他均衡"。若市场分割策略可以引致均衡，那么在均衡状态下企业 A 与企业 B 将分割市场，我们称其为"市场分割均衡"。显然，企业 A 实施排挤竞争策略是存在排他均衡的前提，而实施市场分割策略是存在市场分割均衡的前提。我们略微不严谨地将 $\hat{p}_1$ 写为 p_0 和 p_2 的函数，记为 $\hat{p}_1(p_0,\ p_2)$，同理，可写出 $\tilde{p}_1(p_0,\ p_2)$，有以下两条引理：

引理 4-1 当且仅当如下条件成立时，排挤竞争策略可实现排挤竞争均衡：

如果 $\hat{p}_1(p_0^*,\ p_2^*) \leq \dfrac{2x+k}{4}$，则 $p_0^* \geq x-\beta$ (4-5)

$$p_1^* = \min\left[\frac{2x+k}{4},\ \hat{p}_1(p_0^*,\ 0)\right] \tag{4-6}$$

$$p_1^* \cdot d(p_1^*) \geq \frac{(x+k)^2}{4} \tag{4-7}$$

$$p_1^* \cdot d_1(p_1^*) \geq \max\left[\frac{(2x+k-\beta)^2}{8},\ \frac{(x+k-\beta)^2}{4}\right] \tag{4-8}$$

证明：

必要性显然，唯一需要说明的是排挤竞争策略的利润大于市场分割策略的利润的条件是 $p_1^* \cdot d(p_1^*) \geq \dfrac{(x+k)^2}{4}$。这说明如果此时企业 A 选择市场分

割策略，那么它总能对客户 I 进行垄断定价。换句话说，这要求对于任何排

他均衡 (p_0, p_1, p_2)，都有 $\widetilde{p}_1 \geqslant \dfrac{x+k}{2}$。简单计算便可以验证此条件总是成

立的。

我们进一步给出充分性的证明，即证明满足条件的排挤竞争策略对应的

价格组合是排他均衡。由于引理 4-1 要求 $p_1^* = \min\left[\dfrac{2x+k}{4},\ \hat{p}_1(p_0^*,\ 0)\right]$，因

此必然有 $p_1^* \leqslant \hat{p}_1(p_0^*,\ 0)$。这意味着企业 B 如果定价大于等于0，那么不会

有任何客户愿意购买它的产品。但是，如果企业 B 定价小于0，那么它的利

润为负。因此，企业 B 的最优选择是退出市场。我们只需证明 $(p_0^*,\ p_1^*,$

$p_2^*)$ 是企业 A 的最优选择即可。

反证法，假设存在排他均衡 $(p_0',\ p_1',\ p_2')$ 使 $\pi_A(p_0^*,\ p_1^*,\ p_2^*) < \pi_A(p_0',$

$p_1',\ p_2')$。那么 $(p_0',\ p_1',\ p_2')$ 对应的市场格局存在如下三种情况：

情况 1　排他情形：$p_1' \leqslant \hat{p}_1(p_0',\ p_2')$

此时，如果 $\pi_A(p_0^*,\ p_1^*,\ p_2^*) < \pi_A(p_0',\ p_1',\ p_2')$，那么 $p_1' \cdot (2x+k-2p_1') >$

$p_1^* \cdot (2x+k-2p_1^*)$。

首先考虑 $p_1^* = \dfrac{2x+k}{4}$ 的情况，此时 $p_1^* \cdot (2x+k-2p_1^*) = \dfrac{(2x+k)^2}{8}$ 与 $p_1' \cdot (2x+$

$k-2p_1') \leqslant \dfrac{(2x+k)^2}{8}$ 的前提条件一致。进一步地，考虑 $p_1^* = \hat{p}_1(p_0^*,\ 0)$ 的情况，

此时必然有 $\hat{p}_1(p_0^*,\ 0) \leqslant \dfrac{2x+k}{4}$。因此，如果 $p_1' \cdot (2x+k-2p_1') > p_1^* \cdot (2x+k-$

$2p_1^*)$，那么必然有 $p_1' > p_1^* = \hat{p}_1(p_0^*,\ 0)$。如果此式成立，那么可能有两种情

况。第一，$p_0^* \geqslant x-\beta$，进而 $\hat{p}_1(p_0^*,\ 0) \geqslant \hat{p}_1(p_0',\ 0)$。由此可以发现，此时存

在 $p_2'' > 0$ 使客户 II 愿意从企业 B 处购买，并促使企业 B 赚得正利润。但是，

这表明在 $(p_0',\ p_1',\ p_2')$ 下企业 B 愿意偏离，与前提矛盾。第二，$p_0^* < x-\beta$，

进而 $\hat{p}_1(p_0^*,\ 0)>\dfrac{2x+k}{4}$，与 $\hat{p}_1(p_0^*,\ 0)\leqslant\dfrac{2x+k}{4}$ 矛盾。

情况 2 市场分割情形：$\hat{p}_1(p_0',\ p_2')<p_1'\leqslant\tilde{p}(p_0',\ p_2')$

此时，如果 $\pi_A(p_0^*,\ p_1^*,\ p_2^*)<\pi_A(p_0',\ p_1',\ p_2')$，那么 $p_1'\cdot(x+k-p_1')>p_1^*\cdot(2x+k-2p_1^*)$。又因为 $p_1^*\cdot(2x+k-2p_1^*)\geqslant\dfrac{(x+k)^2}{4}$，所以与 $p_1'\cdot(x+k-p_1')>\dfrac{(x+k)^2}{4}$ 矛盾。

情况 3 满足剩余市场情形：$p_1'>\tilde{p}(p_0',\ p_2')$

类似地，$\pi_A(p_0^*,\ p_1^*,\ p_2^*)<\pi_A(p_0',\ p_1',\ p_2')$，意味着 $p_1'\cdot(x+k-p_1')>p_1^*\cdot(2x+k-2p_1^*)$。又因为 $p_1^*\cdot(2x+k-2p_1^*)\geqslant\max\left(\dfrac{(2x+k-\beta)^2}{8},\ \dfrac{(x+k-\beta)^2}{4}\right)$，所以与 $p_1'\cdot(x+k-p_1')>\max\left(\dfrac{(2x+k-\beta)^2}{8},\ \dfrac{(x+k-\beta)^2}{4}\right)$ 矛盾。

综上所述，不可能存在排他均衡 $(p_0',\ p_1',\ p_2')$ 使 $\pi_A(p_0^*,\ p_1^*,\ p_2^*)<\pi_A(p_0',\ p_1',\ p_2')$。因此，满足引理 4-1 条件的价格策略组合 $(p_0^*,\ p_1^*,\ p_2^*)$ 是排他均衡。

引理 4-1 的本质是对价格不同情形的分类讨论，保证在排挤竞争策略下所有企业都获得最高利润，且没有动机偏离。具体而言，式（4-5）是排他均衡对企业 A 定价的要求，其中 $\dfrac{2x+k}{4}$ 是企业 A 在完全垄断市场情况下可实现的垄断定价，$x-\beta$ 是客户 Ⅱ 选择进行混合购买时企业 A 面临的有效需求上限，当价格超过该上限时，消费者购买企业 A 产品的数量为 0。从 $\tilde{p}_2$ 表达式可见，当产能差异较大时，企业 A 只需提高 p_0' 即可使 $\tilde{p}_2<0$，并获得垄断利润。但是，p_0' 的调整存在上限 $x-\beta$，这使得当产能差异逐渐缩小时，为了使 $\tilde{p}_2<0$，企业 A 一方面要将 p_0' 调整至最高水平以提高竞争壁垒，另一方面要降

低折后价，此时企业 A 不能实现垄断利润。

式（4-6）是利润最大化条件，如果 $p_1 \leqslant \hat{p}(p_0, 0)$，那么客户 I、客户 II 均愿意从企业 A 处购买，而企业 B 无法以高于其成本的价格与其竞争。$\frac{2x+k}{4}$ 是 $\frac{k}{x} \leqslant \sqrt{2}$ 时企业 A 独占市场时利润最大化的垄断价格，如果 A 独占市场，其定价不会超过 $\frac{2x+k}{4}$。式（4-6）保证了企业 A 采用 (p_0^*, p_1^*) 的定价方式将企业 B 挤出市场的同时自身利润的最大化，式（4-7）和式（4-8）则分别保证了企业 A 排挤竞争的利润高于其只供应客户 I 时（市场分割）的利润和仅满足剩余需求时的利润。需要说明的是，首先，式（4-7）右边是实现市场分割的最大利润。可以证明，如果排挤竞争策略可以引致均衡，那么在相同市场条件下市场分割策略也一定可以引致均衡，并对客户 I 进行垄断定价。其次，在式（4-8）中，$\frac{(2x+k-\beta)^2}{8}$ 是 $\frac{k}{x} \leqslant \sqrt{2}$ 时企业 A 可获得的最大利润，而 $\frac{(x+k-\beta)^2}{4}$ 是 $\frac{k}{x} > \sqrt{2}$ 时企业 A 可获得的最大利润。

引理 4-2 市场分割策略组合 (p_0^*, p_1^*, p_2^*) 是一个共谋均衡，当且仅当如下条件成立：

$$p_2^* = \min\left(\frac{x}{2}, x-\beta\right) \tag{4-9}$$

如果 $\tilde{p}_1(p_0^*, p_2^*) \leqslant \frac{x+k}{2}$，则 $p_0^* \geqslant x+k-\beta$ $\tag{4-10}$

$$p_1^* = \min\left[\frac{x+k}{2}, \tilde{p}_1\left(p_0, \frac{p_2 \cdot d_{II}(p_2)}{\beta}\right)\right] \tag{4-11}$$

$$p_1^* \cdot d_I(p_1^*) \geqslant \underline{p} \cdot d(\underline{p})，其中 \underline{p} = \min\left[\frac{x+k}{2}, \hat{p}_1(p_0^*, 0)\right] \tag{4-12}$$

$$p_1^* \cdot d_1(p_1^*) \geqslant \max\left[(x-\beta) \cdot (k+2\beta),\ \frac{x \cdot (x+k)}{2} \right] \tag{4-13}$$

$$p_1^* \cdot d_1(p_1^*) \geqslant \max\left[\frac{(2x+k-\beta)^2}{8},\ \frac{(x+k-\beta)^2}{4} \right] \tag{4-14}$$

证明：

必要性显然成立。充分性的证明思路与命题 3-5 的证明思路相同，因此此处不再详述。需要注意的是，共谋均衡与排他均衡的条件的区别在于，首先，市场分割额外要求 $p_2^* = \min\left(\frac{x}{2},\ x-\beta\right)$，即式（4-9），而这一点显然也是共谋均衡的充分条件。其次，在条件折扣导致市场分割的情形下，我们需要额外讨论企业 A 是否会以 $p_0' < p_2^*$ 进一步争夺客户 Ⅱ，即式（4-13）。由此可以验证，此条件也是紧的。

引理 4-2 中的均衡条件除了式（4-9）以外，与引理 4-1 的逻辑完全相同。式（4-9）保证了在市场分割情形下企业 B 采用价格 p_2^* 以实现利润最大化，没有动机偏离均衡。其中，$\frac{x}{2}$ 是 $\beta \geqslant \frac{x}{2}$ 时使企业 B 利润最大化的定价，它相当于企业 B 在仅存在企业 B 与客户 Ⅱ 的市场中将实施的垄断定价；$x-\beta$ 是 $\beta < \frac{x}{2}$ 时使企业 B 利润最大化的定价。式（4-10）和式（4-11）保证了在市场分割情形下，企业 A 对客户 Ⅰ 定价 p_1^* 的最高利润，值得强调的是，$p_1 \leqslant \tilde{p}_1\left[p_0,\ \frac{p_2 \cdot d_{\text{Ⅱ}}(p_2)}{\beta} \right]$ 保证了客户 Ⅰ 愿意接受企业 A 的条件折扣，同时最大程度地提高企业 B 争夺客户 Ⅰ 的"竞争壁垒"。式（4-12）保证了企业 A 锁定客户 Ⅰ 的利润不低于同时锁定客户 Ⅰ、客户 Ⅱ 时的利润，这里 $\underline{p}$ 的含义可参考式（4-6），$\frac{x+k}{2}$ 是 $\frac{k}{x} > \sqrt{2}$ 时，企业 A 独占市场时利润最大化的垄断价

格，如果 A 独占市场，那么其定价不会超过 $\frac{x+k}{2}$。式（4-13）保证了在市场

分割情况下企业 A 没有动机通过削价争夺客户 II，如果 $\beta \geqslant \frac{x}{2}$，那么在市场

分割情况下企业 B 会定价为 $\frac{x}{2}$；企业 A 如果以略低于 $\frac{x}{2}$ 的价格即可抢占所有

客户，那么相应的利润略低于 $\frac{x(x+k)}{2}$。类似地，如果 $\beta \leqslant \frac{x}{2}$，那么在市场分

割情况下企业 B 会定最高价 $x-\beta$，企业 A 通过削价争夺客户的利润略低于

$(k+2\beta)(x-\beta)$。式（4-14）的内涵类似于式（4-8），它保证了企业 A 在均

衡时的利润不低于其仅满足剩余需求时的利润。

二、市场均衡的存在性

给定引理 4-1 和引理 4-2，可得命题 4-4：

命题 4-4　在市场环境 (x,k,β) 下，有如下结论：

（1）当 $k \leqslant \sqrt{2}x$ 时，存在临界值 β_1，使得排他均衡在 $\beta \leqslant \beta_1$ 时均存在。

（2）当 $k \leqslant \sqrt{2}x$ 时，存在临界值 β_2，使得排他均衡在 $\beta \leqslant \beta_2$ 时均存在。

证明：

情形 1　$k \leqslant \sqrt{2}x$

根据命题 4-2，此时不存在共谋均衡，因此我们仅考虑排他均衡。令
(p_0, p_1, p_2) 为排挤竞争策略对应的价格组合。为了找到临界值 β_1，我们
需要计算 β 在什么范围时，企业 A 维持排他的利润大于其分割市场和满足剩
余需求时的利润。首先，我们需要计算在给定 β 的情形下为了维持排挤竞
争，企业 A 所能收取的最高价格 $\hat{p}_1(x-\beta, 0)$，其表达式如下：

$$\hat{p}_1(x-\beta,\ 0) = x - \sqrt{2x\beta - \beta^2}$$

排挤竞争策略的利润大于市场分割的利润意味着：

$$\left[2x + k - 2\left(x - \sqrt{2x\beta - \beta^2}\right)\right]\left(x - \sqrt{2x\beta - \beta^2}\right) \geq \frac{(x+k)^2}{4}$$

解得：

$$\beta \leq x - \frac{\sqrt{4kx + 10x^2 - 2\sqrt{-k^4 + 4k^3x - 2k^2x^2 - 8kx^3 + 8x^4}}}{4}$$

类似地，我们可以写出排挤竞争策略的利润大于满足剩余需求的利润的不等式，解得：

$$\beta \leq \frac{6x - k - 2\sqrt{-k^2 + 2kx + 4x^2}}{5}$$

考虑如下不等式：

$$x - \frac{\sqrt{4kx + 10x^2 - 2\sqrt{-k^4 + 4k^3x - 2k^2x^2 - 8kx^3 + 8x^4}}}{4} > \frac{6x - k - 2\sqrt{-k^2 + 2kx + 4x^2}}{5}$$

解得：

$$k < \frac{1 + 2\sqrt{2}}{3}x$$

这意味着 β_1 存在，但是其在不同的情况下取值不同。具体而言，当 $k \leq \frac{1 + 2\sqrt{2}}{3}x$ 时，$\beta_1 = \frac{6x - k - 2\sqrt{-k^2 + 2kx + 4x^2}}{5}$，而当 $\frac{1 + 2\sqrt{2}}{3}x < k \leq \sqrt{2}\,x$ 时，$\beta_1 =$

$$x - \frac{\sqrt{4kx + 10x^2 - 2\sqrt{-k^4 + 4k^3x - 2k^2x^2 - 8kx^3 + 8x^4}}}{4}。$$

情形 2 $k > \sqrt{2}x$

根据命题 4-2，此时不存在排他均衡，因此只考虑共谋均衡。令（p_0，p_1，p_2）为市场分割策略对应的价格组合。按照情形 1 的证明思路，我们需要证明存在一个临界 β_2，使当 $\beta \leqslant \beta_2$ 时，引理 4-2 中的所有条件均得到满足，并且当 $\beta > \beta_2$ 时，至少有一个条件被违反；一旦被违反，便不存在 $\beta > \beta_2$ 使共谋均衡再次存在。

从逻辑上讲，我们需要逐一求解市场分割利润大于（在企业 B 定价 p_2 的条件下）排挤竞争策略的利润、削价争夺客户的利润和满足剩余需求利润的临界 β。实际上，我们只需考虑市场分割利润大于削价利润的临界 β 一种情况即可。这是因为当 $k > \sqrt{2}x$ 时，无论 β 取何值，市场分割利润总是大于排挤竞争策略的利润和满足剩余需求的利润。因此，只需验证市场分割利润和通过削价争夺客户的利润之间的关系。我们可以写出如下不等式：

$$\left[x+k-\widetilde{p}_1\left(p_0^*, \frac{x^2}{4\beta}\right) \right] \cdot \widetilde{p}_1\left(p_0^*, \frac{x^2}{4\beta}\right) \geqslant \frac{x(x+k)}{2}$$

解得：

$$\beta \leqslant k+x-\frac{1}{2}\sqrt{2k^2+6xk+2x^2-2\sqrt{k^4+2k^3x-2kx^3-x^4}}$$

结果符合要求。因此，β_2 存在。

命题 4-4 进一步拓展了命题 4-3 的结论。命题 4-3 指出排挤竞争策略仅在消费者需求差异较小时存在，而市场分割策略仅在消费者需求差异较大时存在。命题 4-4 进一步指出，当需求差异满足一定前提时，无论排他均衡还是共谋均衡，只要企业 B 的产能足够小便一定存在。这是因为当企业 B 的产能足够大时，如果企业 A 尝试排挤竞争，那么它会发现自己必须定价极低以挤出企业 B，此时自身利润低于仅满足剩余需求时的利润；如果企业 A 尝试维持市场分割，那么它会发现定价仍然过低并导致利润低于直接削价将企业 B 赶出市场时的利润。因此，企业 A 均会偏离原均衡。

命题 4-3 指出，共谋均衡存在的必要条件是 $k \geqslant x$。这意味着共谋均衡可能在区间 $[1, \sqrt{2}]$ 中存在，但这一点在命题 4-3 中没有涉及。为了说明均衡存在性与竞争环境（需求异质性和产能差异）之间的关系，特别是共谋均衡在区间 $[1, \sqrt{2}]$ 中的存在性，我们通过图4-2来作进一步说明。在图4-2中，纵轴 $\frac{\beta}{x}$ 刻画了产能差异程度，$\frac{\beta}{x}$ 越大，企业B的产能可以覆盖越大份额的需求，它在一定程度上可以表示"市场可竞争部分"的大小。当 $\frac{\beta}{x} = 1$ 时，企业B有能力满足客户Ⅱ的全部需求；当 $\frac{\beta}{x} = \frac{2x+k}{x}$ 时，企业B有能力同时满足客户Ⅰ、客户Ⅱ的全部需求。横轴 $\frac{k}{x}$ 刻画了消费者差异程度，$\frac{k}{x}$ 越大，消费者的需求量差异越大。当 $\frac{k}{x} = 0$ 时，客户Ⅰ、客户Ⅱ的需求量相同，此时不存在需求异质性；当 $\frac{k}{x} > 0$ 时，客户Ⅰ的需求量总是大于客户Ⅱ的需求量，并且 $\frac{k}{x}$ 越大，需求量的差异也越大。由此可以验证，图4-2中的每个点都唯一对应一个市场环境 (x, k, β)。

根据命题4-4的第1部分，图4-2左下方的部分（区域A）对应排他均衡存在的区域；图4-2虚线右方则对应共谋均衡存在的区域，它包含命题4-4第2部分对应的区域及区间 $[1, \sqrt{2}]$ 排他均衡存在的区域。由此可以看到，在区间 $[1, \sqrt{2}]$，排他均衡存在的区域共谋均衡虽然存在，但是其在图4-2中存在区域的形状较为不规则，在下部出现了"内凹"的情况。这是因为当企业B产能小于 $\frac{x}{2}$ 时，在市场分割条件下，由于产能限制无法实现（仅供应客户Ⅱ时的）最大可能利润 $\frac{x^2}{4}$，因此企业B将定其所能定的最高价格 $x-\beta$。此时，由于企业B的定价更高，因此企业A直接削价获得的利润也

更高。在 $k \leqslant \sqrt{2}x$ 的情况下，"内凹"部分使企业 A 削价争夺客户的利润高

于其在市场分割情形下可获得的最高利润 $\dfrac{(x+k)^2}{4}$，此时共谋均衡不存在。因

此，为了实现市场分割，企业 B 的产能既不能太大也不能太小。

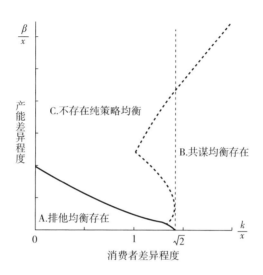

图 4-2 均衡的存在性

从图 4-2 可以看出，区域 A 与区域 B 以外的区域 C，不存在纯策略均

衡。为了验证这一点，我们建立命题 4-5。

命题 4-5 如果在市场环境 (x, k, β) 下，任何排挤竞争策略和市场

分割策略都不能实现纯策略均衡，那么在该市场环境下不存在纯策略均

衡解。

证明：

反证法。假设 (p_0, p_1, p_2) 是符合条件的纯策略均衡，那么对企业 A

而言仅有两种可能：一是使用条件折扣但未实现排他或市场分割，二是未使

用条件折扣。

在第一种情况下有 $p_2 \leqslant \widetilde{p}_2(p_1, p_0)$，企业 A 只能满足剩余需求，利润为 $p_0 \cdot [d(p_0) - \beta]$。由于 (p_0, p_1, p_2) 是均衡的，因此 $p_0 \geqslant p_2$。又因为 $p_0 =$ $\mathrm{argmax}(p_0 \cdot [d(p_0) - \beta])$，所以企业 B 利润最大化动机要求它选择尽可能高的 p_2。这意味着如果 (p_0, p_1, p_2) 是均衡的且 $p_2 \leqslant \widetilde{p}_2(p_1, p_0)$，那么必然有 $p_2 = \widetilde{p}_2(p_1, p_0)$，否则企业 B 总是可以将价格提升至 $p_2 = \widetilde{p}_2(p_1, p_0)$ 以提升利润。然而，此时企业 A 只要略微降价 ε，即可将企业 B 赶出市场，获得更大利润，这违反了均衡定义，故排除此类情况。

在第二种情况下，由于企业 A 不使用条件折扣，因此根据命题 1，此时也不存在纯策略均衡 (p_0, p_1, p_2)。

综上所述，不存在满足条件的纯策略均衡。

命题 4-5 表明，如果市场不存在"排挤竞争均衡"和"市场分割均衡"，那么使用条件折扣的结果与"一价竞争"是一致的，条件折扣并不会带来明确的反竞争效果。

第六节　条件折扣的福利分析

本节将对条件折扣的反垄断问题进行探讨。直觉上，福利分析要求对比厂商 A 使用和不使用条件折扣两种情形下均衡时的消费者福利和生产者利润。但是，根据前文的分析，当不存在条件折扣时，仅存在混合策略均衡。

Levitan 和 Shubik（1972）发现，此混合策略难以计算[①]且缺乏经济含义。为了克服此问题，本部分对模型稍加调整，将本部分模型动态展开，允许厂商以先后交替定价的无限次重复博弈来刻画不存在条件折扣的竞争情形。

具体而言，考虑如下博弈。在初始条件下[②]，两厂商均定价为 0，然后依据如下过程重复进行：①企业 A 行动，在给定企业 B 价格的情况下进行最优定价，之后所有参与人获得收益；②企业 B 行动，在给定企业 B 价格的情况下进行最优定价，之后所有参与人获得收益。

以上过程将静态模型中两企业相互进行"最优反应"的过程动态化，分为两期交替进行。我们可以想象，在均衡下，如下削价过程仅会在一个确定的区间内重复进行，此区间的上限为企业 A 容纳企业 B 时（在剩余需求上）垄断定价的价格，记为 $\bar{p}$；价格下限则为企业 A 独占市场获得的利润等于其容纳企业 B 获得的利润时所对应的价格，此价格记为 $\underline{p}$。在均衡中，当双方价格高于 $\underline{p}$，企业 A、企业 B 便会不断相互竞价争夺市场，迫使价格纷纷降低；当企业 B 价格等于 $\underline{p}$ 时，企业 A 发现此时容纳企业 B 的利润高于进一步降价与其争夺客户获得的，因此直接将价格提高至 $\bar{p}$，之后企业 B 便会立刻提价，从下方匹配此价格以获得更高的利润，并引发新一轮降价来争夺市场。

在上述区间内，企业价格将会规律地重复"逐渐降价到 $\underline{p}$，突然提价到 $\bar{p}$，继续降价到 $\underline{p}$"的过程，这基本刻画了企业之间的动态竞争关系。由于此过程是重复进行的，可以认为一个降价循环过程中的消费者平均福利水平刻画了无限期重复博弈的平均福利水平，此福利水平被用以刻画不存在条件折扣时的消费者福利水平。

---

① 即使在不存在本部分讨论的异质性的条件下，非对称产能的伯川德—埃奇沃斯竞争均衡也已经较为复杂，其均衡的价格策略需要用非连续的密度函数表示。

② 由于此模型重复无限期，因此初始点的选取不影响平均福利的计算。

类似地，本部分可以将存在条件折扣的情况以相同的方式展开，并且可以验证，静态博弈下的均衡此时仍然是每一期中动态博弈的均衡。这是因为在静态均衡中双方的定价均是对方的最优反应，所以在动态条件下也没有动机偏离。同样地，静态均衡中的消费者福利水平也刻画了无限期重复博弈的平均福利水平，此福利水平被用以刻画存在条件折扣时的消费者福利水平。

至此，本部分为条件折扣的福利影响构建了较易于计算且具有经济意义的比较框架。为了避免复杂的公式堆砌，本部分通过数值模拟的方式展示结论。

在需求数量异质性的条件下，条件折扣的使用可能导致两种均衡结果：排挤均衡和市场分割均衡。图4-3、图4-4中的横轴为产能 β，纵轴为消费者剩余或社会总福利。图4-3的左半部分展示了消费者需求数量异质性较小（$k=0.4$ 和 $k=0.8$）的情形，两组实线为不同消费者数量异质性条件下，企业A通过条件折扣实现排挤竞争均衡时的消费者剩余。图4-3的右半部分则展示了消费者需求数量异质性较大（$k=4$ 和 $k=8$）的情形，两组实线为不同消费者数量异质性条件下，企业A通过条件折扣实现市场分割均衡时的消费者剩余。图4-4为与图4-3相对应的社会总福利分析。

从图4-3、图4-4的左半部分可以看到类似于存在产品异质性的情形。当消费者需求量异质性较小且企业B的产能上限较低时，企业A通过条件折扣实现排挤竞争均衡将损害消费者福利和社会总福利；当消费者需求量异质性较小而企业B的产能上限较高时，企业A通过条件折扣实现排挤竞争均衡将使企业A的定价较低，进而使消费者剩余和社会总福利上升。福利增加的原因是对大企业而言的，当需求数量异质性小、对手产能大时会增加锁定成本，进而导致定价下降。

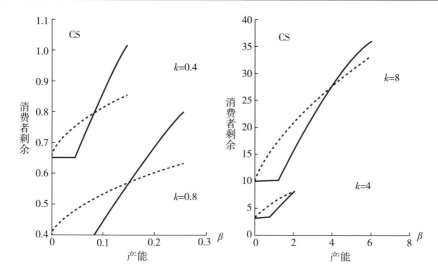

图4-3 需求数量异质性、条件折扣与消费者剩余

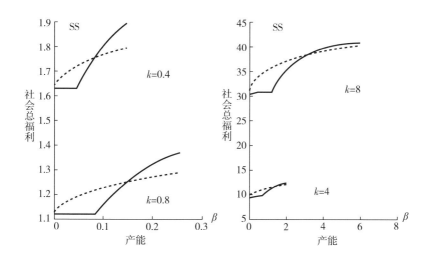

图4-4 需求数量异质性、条件折扣与社会总福利

从图4-3、图4-4的右半部分可以看到，当消费者需求量异质性较大且企业的产能上限较低时，企业 A 通过条件折扣实现市场分割均衡将损害消费者福利；当企业 B 的产能上限较高时，消费者福利同样可能出现"反转"，其原因同样在于，此时企业 A 需要以很低的折扣价实现市场分割。

综上所述，条件折扣的福利影响是不确定的，它既可能损害消费者剩余，又可能提高消费者剩余，它可能损害社会总福利，又可能提高社会总福利。但是，整体而言，提高福利所要求的竞争环境较为苛刻。无论是在产品异质性还是在数量异质性条件下，条件折扣提升福利的情形都伴随着一个非常"异常"的结果——小企业闲置大量产能。在排挤均衡下，福利的提升要求小企业产能足够大，但是均衡时其产量为 0。同样地，在市场分割均衡下，福利的提升也要求小企业产能足够大，但小企业最多只生产 $\frac{x}{2}$ 单位产品。这均意味着小企业需要维持大量冗余产能。显然，如果小企业是理性的，这种现象不会发生，理性的小企业总有激励避免过剩产能来消减成本。因此，从现实性角度考虑，本章可以认为条件折扣往往是损害消费者福利或社会总福利的。如果这里引入一个符合实际的假设，要求小企业的过剩产能足够少，那么基本可以排除条件折扣提升福利的"异常"情况。

第七节　结　论

本章通过刻画伯川德—埃奇沃斯模型，解释了在竞争环境下企业为什么使用条件折扣，它在什么情况下可以把竞争对手赶出市场，又在什么情况下会引致市场分割。研究发现，当消费者需求量差异较小且企业间产能差距较大时，优势企业可以通过条件折扣实现排挤竞争策略，在均衡状态下竞争对手被迫退出市场，优势企业独占市场并获得正利润。当消费者需求量差异较大且企业产能差距满足一定条件时，优势企业可以通过条件折扣实现市场分割策略，在均衡情况下企业默契地分割市场。值得一提的是，在需求数量异质性模型中，令 $k=0$，即可得：在消费者与产品皆同质的条件下，只要小企业产能约束较大，大企业就可以通过条件折扣构建竞争壁垒，并将小企业赶出市场。

第五章　排他行为的反垄断规制与案例分析

本章就排他行为的反垄断规制路径进行介绍，为了更好地阐述相关规制路径的变迁，本章就中国、美国和欧盟的相关规制路径变迁分别进行介绍，并分别结合各司法辖区的案例进行分析。

第一节　排他行为的规制与案例分析

一、独家交易的规制与案例分析

1. 美国

如前文所述，在 Standard Oil 诉美国案①发生以前，美国法院对独家交易

---

① Standard Oil Co. of California v. U. S. , 337 U. S. 293（1949）.

的态度是相对温和的，在相关案件中，法院主要依据具体事实对独家交易（主要涉及独家交易协议）的竞争影响进行判断。一些学者认为，这一时期的排他性反垄断规制是一种"修正的合理原则"（Gellhorn and Kovacic，1994）。

以 Standard Oil 诉美国案为标志，法院和执法机构在很长时间内对独家交易持否定态度。在 Standard Oil 诉美国案中，Standard Oil 与 5937 家加油站达成排他协议，要求这些加油站只出售 Standard Oil 的 Socal 汽油。彼时，这些协议涉及相关地域内汽油总销售量的 6.7%，而 Standard Oil 的几个主要竞争对手也与其他的加油站达成了类似的排他行为协议。美国联邦最高法院依然裁定该案违反反垄断法，对相关市场产生了封锁效果，负责审理该案的地区法院也认为，6.7% 的覆盖率足以说明封锁是实质性的，排他行为对市场竞争产生了负面影响，法院没有必要进一步去考察 Standard Oil 的行为对其竞争对手产生了何种影响。美国联邦最高法院对此案进行了确认，法院认为排他行为对相关市场造成了封锁，从而违反了反垄断法。法院既无须证明排他行为有害竞争，也不适合对排他行为的竞争影响进行具体的评估①。

在 Tampa Electric 诉 Nashville Coal 案中，美国联邦最高法院再次对排他行为作出判决。与 Standard Oil 诉美国案不同的是，法院并未因为达成排他性协议即判定违法，相反，法院认为在该案中，排他行为对 Tampa Electric 和 Nashville Coal 而言是有一定益处的，且排他行为只对相关市场上不到 1% 的煤炭销量有影响，因此判定该行为不违反反垄断法。然而，在美国联邦贸易委员会（FTC）诉 Brown Shoe（1966）案中，虽然排他行为所涉及的市场份额仅 1%，但美国联邦最高法院仍裁定排他行为违反反垄断法，法院认为排他行为协议显然违反《谢尔曼法》第 1 条和《克莱顿法》第 3 条，阻碍了

---

① Standard Oil Co. of California v. U. S. , 337 U. S. 293（1949）.

买家在公开市场上的自由交易①。

正如吉尔伯特和黄昆（2020）指出的，在美国执法的早期，排他行为执法的重心是排他行为对市场的封锁程度，而不是对消费者福利的影响，但是并没有明确的界限来衡量排他行为对市场的封锁程度，也极少考虑排他行为是否有促进竞争的效果。这种差异性较大、缺乏理论基础的做法为芝加哥学派所批判，芝加哥学派以完全竞争为参照系，指出如果潜在进入者进入市场，那么上游卖方将会展开激烈的竞争，从而将价格降至在位卖方的边际成本。为了使买方接受独家交易，在位卖方必须补偿消费者因为接受独家交易而损失的消费者剩余。因为无谓损失的存在，卖方获得的利润总是无法完全补偿消费者的损失，所以独家交易对卖方而言无利可图。

FTC 诉 Beltone 案标志着执法机构对独家交易态度的转变，在该案中，Beltone 与经销商达成独家交易协议，涉及助听器市场 16%的销售量。FTC 在合理规则下对独家交易协议进行分析，认为协议所覆盖的销售量不是协议是否违反反垄断法的决定因素，即便在过往案件中这一市场覆盖率也很可能被执法机构和法院认定为违法。FTC 进一步认为，鉴于市场进入门槛较低，独家交易不会危害竞争，反而会减少"搭便车"的现象，促进品牌间的竞争②。在法院方面，Roland Machinery Company 诉 Dresser Industries 案是独家交易的经典案件，在该案中法院认为原告必须证明：第一，独家交易是至少有一名主要竞争对手无法在市场上有效竞争；第二，排挤竞争对手使企业可以将价格提升至竞争水平之上，或以其他方式危害市场竞争，只有当这些条件都成立时，独家交易才违反反垄断法③。在后续案件中，美国法院与执法

---

① FTC v. Brown Shoe Co., Inc., 384 U. S. 316（1966）.

② FTC v. Beltone Electronics Corp., 100 F. T. C. 68（1982）.

③ Roland Machinery Company v. Dresser Industries Inc., 749 F. 2d 380（1984）.

机构一般都基于合理原则审理独家交易案件。

2. 欧盟

在欧盟，与独家交易反垄断相关的法律条文涉及《欧盟运行条约》第101条针对纵向协议的规定及第102条对滥用市场支配地位的规制。

在 Stergios Delimitis 诉 Henninger BräuAG（1991）案发生之前，欧盟委员会和欧洲法院一般对独家交易采取较严厉的态度。以该案为例，一案判决后，欧盟委员会在使用《欧盟运行条约》第101条时逐渐转向"基于效果"的合理性分析。1999年，欧盟委员会公布了《纵向协议和协调行为适用条约第81条第3款的2790/99号条例》，建立了基于市场份额的豁免规则。根据该规则，30%的市场份额是一个安全港，除核心限制外的大多数纵向限制都可以获得集体豁免①。其中，核心限制包括：第一，经销商销售产品的地域范围和客户范围（不包括对经销商新设经营地址的所在区域进行限制、限制经销商对供应商或其他经销商专有地域的主动销售、限制批发商对最终用户的销售、限制经销商对选择性分销体系中未经授权的分销商的销售）；第二，限制选择性分销体系中从事零售的经销商向最终用户主动或被动销售（不包括对经销商新设经营地址的所在区域进行限制）；第三，限制相同或不同贸易环节经销商之间的交叉供货（解琳，2010）。欧盟委员会在2010年发布的《纵向限制指南》中缩小了安全港的范围，要求30%的份额同时对所有纵向协议的买卖双方都适用（吉尔伯特和黄昆，2020）。

在欧盟，更广义的排他行为也可能涉及《欧盟运行条约》第102条对滥用市场支配地位的规制。在欧盟看来，与封锁竞争对手有关的行为都可能构

---

① 1999年12月22日，欧盟委员会发布关于将《欧盟运行条约》第81（3）条适用于纵向协议和协同行为的说明。

成排他行为，其主要通过独家购买义务或者条件折扣方案去阻碍竞争对手参与有效竞争。相关案件主要涉及条件折扣，因此本章将在下文条件折扣部分进行分析阐述。

3. 中国

在中国，独家交易主要受《中华人民共和国反垄断法》第二十二条规制，该条第四款禁止具有市场支配地位的企业"没有正当理由，限定交易相对人只能与其进行交易或者只能与其指定的经营者进行交易"。反过来，与部分交易相对人的独家交易也可能违反《中华人民共和国反垄断法》第二十二条第三款"没有正当理由，拒绝与交易相对人进行交易"。与欧盟类似，理论上独家交易行为也可能受《中华人民共和国反垄断法》第十八条第三款规制，该条禁止经营者与交易相对人达成"国务院反垄断执法机构认定的其他垄断协议"。

当前，涉及独家交易的案件主要集中于滥用市场支配地位等方面，代表性案件为利乐案与异烟肼原料药案。

利乐案展示了原国家工商行政管理总局对"不合理要件+排斥竞争要件"的阐述。在该案中，原国家工商行政管理总局指出利乐与红塔于2011年签署的《谅解备忘录》约定，"基于双方当前的意图……（红塔的）该生产能力将用于在合作协议约定的三年内，排他性地为利乐及其关联公司生产液态包装原纸，此举限制红塔与其他包材厂商就牛底纸项目进行合作。2012年，利乐与红塔就牛底纸生产供应签署了《全球供应协议》和《供应与合作协议》，对有关信息的使用作出限制，如《供应与合作协议》第5条"合作和华新的义务"第5.3款规定，红塔"（a）除了为利乐生产产品外，不可使用利乐技术信息，（b）不能向利乐之外的任何人士销售或者以其他方式提供任何使用利乐技术信息生产的产品，或协助任何人士从事上述活动"。原国家工商行政管理总局认为，此举限制使用有关技术信息，妨碍红塔向其他包材厂商提供牛底纸①。

原国家工商行政管理总局认为，利乐的独家交易限制不具有合理性。首先，利乐限制红塔使用的技术信息并非其专有。原国家工商行政管理总局调查认定，"在与利乐合作之前，红塔就独立获得了生产牛底纸的专利技术，相关技术能力也是利乐选择其作为原纸供应商的主要原因"。其次，红塔向其他包装企业供应牛底纸并不会影响其与利乐的合作。在原国家工商行政管理总局看来，"尽管红塔的牛底纸生产技术向商业生产转化，利乐提供了相关参数进行调整、测试，但牛底纸的生产主要由原纸供应商研发生产完成"。最后，利乐限制红塔使用的技术信息并非其专有技术信息。原国家工商行政管理总局认为，利乐限制红塔使用的"利乐技术信息"中，与原纸有关的8项技术信息由其他设备制造企业所掌握；利乐设备使用包材的5项信息，是利乐客户（液体食品生产商）如何使用包材的相关信息，属于行业公知信息。因此，"利乐技术信息"并非利乐专有，利乐没有权利限制供应商使用该技术信息进行生产②。

原国家工商行政管理总局进一步认为，"利乐的限定交易行为产生了实际的排除、限制竞争效果。尽管利乐与红塔2011年《谅解备忘录》中排他性供应原纸的条款没有在后续的协议中出现，但这一约定在一定程度上对红塔产生了实际的影响。红塔牛底纸生产线每年产能远远大于利乐的采购量，但利乐却一直是红塔牛底纸的唯一客户，而利乐的竞争对手向红塔提出的采购意向一概被拒绝"③。

---

①②③ 《国家工商行政管理总局行政处罚决定书》（工商竞争案字〔2016〕1号）。

在异烟肼原料药案中，为提高异烟肼原料药销售价格，2014 年底汉德威公司与隆舜和公司达成口头包销协议，约定每年由隆舜和公司包销异烟肼原料药 X 吨，汉德威公司所售异烟肼原料药只能销售给隆舜和公司及其指定的制剂企业和商业公司等。达成协议后，自 2015 年起汉德威公司对于其他前来购买异烟肼原料药的制剂生产企业均以工厂停工、企业无存货为由拒绝供货。汉德威公司与隆舜和公司达成独家包销协议之后，当国内多家异烟肼制剂生产企业向汉德威公司提出购买异烟肼原料药的请求时，均被汉德威公司以工厂停产、没有多余存货为由停止供货。截至 2015 年 12 月 31 日，在汉德威公司 GMP 认证到期之前，汉德威公司并不存在停产和无货的情形，始终在进行异烟肼原料药的销售，2015 年销量超过 X 吨。2016 年，汉德威公司仍有异烟肼原料药可以销售，当年销量超过 Y 吨。同时，汉德威公司并未提出充分证据证明不再向其他制剂企业销售异烟肼原料药，仅向隆舜和公司及其指定的制剂企业、商业公司销售异烟肼原料药的行为具备正当理由①。国家发展和改革委员会认为，汉德威公司和新赛科公司均委托隆舜和公司作为唯一一家商业公司出售原料药，加重了行为的违法后果，使异烟肼原料药市场的竞争秩序受到严重破坏，导致一些生产企业无法获得原料药而不得不停产异烟肼制剂，并间接导致了异烟肼制剂的价格上涨，最终损害了消费者的利益②。

该案的特殊性在于，国家发展和改革委员会依据《中华人民共和国反垄断法》第十九条指出，新赛科公司和汉德威公司在相关市场上的份额合计超过 2/3，且两者在相关市场上的份额近年来未低于 1/10，推定两者（分别）

<hr />

① ② 《国家发展和改革委员会行政处罚决定书〔2017〕1 号》《国家发展和改革委员会行政处罚决定书〔2017〕2 号》。

具有市场支配地位①。国家发展和改革委员会结合《中华人民共和国反垄断法》第十八条分析认定，两者（分别）具有市场支配地位后，应对其实施的不公平高价、没有正当理由的拒绝交易行为作出处罚②。这是执法机构首次通过合计市场份额来推定企业具有市场支配地位，这极大地拓宽了企业被认定为具有市场支配地位的范围。在后续的扑尔敏原料药垄断案中，国家市场监督管理总局进一步拓宽了与异烟肼原料药垄断案类似的思路，认定河南九势公司和湖南尔康公司分别具有市场支配地位，即企业具有"共同市场支配地位"③。

二、搭售的规制与案例分析

1. 美国

如前文所述，早期美国法院一度对搭售行为实行本身违法原则，搭售案件不一定需要界定相关市场，也不一定需要证明卖方具有市场支配地位，只需证明卖方对买方构成了"强制"或"施加可察觉的限制"，且搭售"封锁被搭售产品市场'并非少量'的州际贸易"，即可认定搭售违反反垄断法，而触发"并非少量"的条件仅需数万美元的涉案金额即可④。法院系统对搭

---

① 处罚决定书指出，生产异烟肼原料药的企业有 3 家，其中，新赛科公司和汉德威公司历年来占据的市场份额均远高于大得利公司，两家公司一致与隆舜和公司达成独家包销协议，仅向隆舜和公司及其指定的制剂企业、商业公司出售异烟肼原料药。

② 《国家发展和改革委员会行政处罚决定书〔2017〕1 号》《国家发展和改革委员会行政处罚决定书〔2017〕2 号》。

③ 《国家市场监督管理总局行政处罚决定书〔2018〕21 号》《国家发展和改革委员会行政处罚决定书〔2018〕22 号》。

④ Northern Pacific Railway Co. et al. v. United States，356U. S. 1，2（1958）；United States v. Loews，Inc.，371 U. S. 38（1962）.

售的敌意主要来源于两个方面：其一是限制消费者自由选择构成了消费者福利损失，正如美国第二巡回法院指出的，"必须是卖方的非法强制影响了购买商的选择，方能构成违法搭售"①；其二是担心垄断企业通过搭售将其在一个市场上的力量延伸至另一个市场，即所谓的市场力量"杠杆使用"。法院系统亦长期拒绝搭售节约成本或保护商誉的抗辩，认为企业可以以不那么限制消费者的方式实现规模经济或保证质量。

上述本身违法规则的问题在于：首先，正如霍温坎普指出的，没有市场力量的企业的搭售必然是有效率的，因为它事实上很难对消费者构成"强制"②；其次，从广义上来说，几乎所有的产品都可以被认为是不同部件的搭售，这种"搭售"往往具有技术上的合理性，而本身违法规则可能对其进行了错误的谴责；最后，如前文所述，芝加哥学派提出了与杠杆理论针锋相对的单一垄断利润理论，芝加哥学派认为搭售的主要动机在于价格歧视，由于价格歧视往往提高定价效率，因此它不应该被反垄断法所谴责。

外界的批评促使美国法院系统对搭售行为采取更温和的态度。为了避免对促进消费者福利的搭售行为进行错误的谴责，法院试图通过更细致地审查要件来识别危害市场竞争与消费者福利的搭售行为。在 Fortner 诉 United States Steel 案中，法院要求证明垄断或市场支配地位的存在，而排斥竞争要件的证明则由早期"封锁被搭售产品市场'并非少量'的州际贸易"转变为"搭售封锁被搭售产品市场相当大的市场份额"③。在 Response of Carolina 诉 Leasco 案中，美国第五巡回法院因为担心危害创新而把具有技术合理性的"技术搭售"和通过合约方式实现的"合约搭售"区分开来，指出证明搭售

---

①② 赫伯特·霍温坎普. 联邦反托拉斯政策——竞争法律及其实践 [M]. 许光耀，江山，王晨，译. 北京：法律出版社，2009：449.

③ Fortner Enters. , Inc v. United States Steel Corp. , 429 U. S. 610, 617–18 (1976).

违法需要证明被告"仅仅是为了搭售产品，而不是为了获得技术上的优势"①。在 Jefferson Parish 诉 Hyde 案中，法院进一步要求考察是否存在足够的需求以认定"独立产品"。法院认为，如果消费者对单独购买被搭售产品缺乏足够的需求，那么搭售很可能会提高消费者福利。总体而言，以上重新阐述的搭售要件并未改变法院系统对搭售先验的否定态度，但仅触发强制要件与少量的市场封锁不足以证明搭售的违法性，因而被一些学者称为"修正的本身违法规则"。特别是，虽然价格歧视可能提高效率，但也往往会减少消费者福利，在"保护市场竞争与消费者福利"的司法目标下，法院依然强调搭售的违法性②。

如前文所述，近年来许多经济理论都表明搭售可能将搭售产品市场上的力量延伸至被搭售产品市场，企业亦可能通过搭售维持其在搭售产品市场上的支配地位。如果搭售满足给定前提，那么搭售可以同时服务于效率动机与排斥竞争动机，从而具有混合效果（Nalebuff，2000）。不同搭售动机的成功实施都对相关市场结构、产品特征与消费者特征提出了不同要求。排斥竞争的搭售行为不仅依赖于特定的前提，还依赖于特定的参数。这使得 Jefferson Parish 诉 Hyde（1984）案确定的"修正的本身违法规则"可能过于严厉。在后续案件中，下级法院并非完全认同这一严厉的审查规则，许多法院都对搭售实行合理规则，或要求控方证明搭售在被搭售产品市场上产生了反竞争效果③。

---

①　Response of Carolina, Inc. v. Leasco Response, Inc., 537 F. 2d 1307（5th Cir. 1976）.

②　Jefferson Parish Hosp. Dis. t No 2 v. Hyde, 466 U. S. 2（1984）.

③　Hand v. Central Trans. Inc., 779F. 2d8, 11（6thCir. 1985），cert. denied, 475U. S. 1129, 106S. Ct. 1659（1986）；United States v. Microsoft Corp., 253F. 3d34（D. C. Cir. 2001）；Ilinois Tool Works Inc. v. Independent Ink, Inc., 547U. S. 28（2006）；Brantley v. NBC Universal, Inc. 675 F. 3d 1192（9th Cir. 2012）.

2. 欧盟

在欧盟，法院与竞争委员会一度认为，搭售限制了消费者的选择权，这本身就构成了市场支配地位的滥用①。这一严厉态度在一定程度上源于保护竞争与"消费者主权"的司法目标（Economides & Lianos，2009），它强调由消费者意愿决定产品价格、品质、多样性与创新的形成过程，搭售行为对消费者自由选择构成了限制，因此构成了违法。在 Eurofix-Bauco 诉 Hilti 案中，法院认为无论搭售产品和被搭售产品是不是互补，是否存在"天然的联系"（Natural Linkage）或"商业惯例"（Commercial Linkage），只要消费者希望从其他供应商处获得被搭售产品，支配企业就有义务为消费者提供现实的选项。在 Tetra Pak 诉 Commissonn 案中，法院则进一步强调，在竞争性市场上可以被接受的"商业惯例"在市场竞争已经被限制的市场上不一定能被接受。产品间存在"天然的联系"或"商业惯例"依然可能构成《欧共体条约》第 86 条（现第 102 条）所规定的违法行为②。

以微软案为转折，竞争委员会被认为逐渐接受了搭售的经济理论③，欧盟初等法院在微软诉 Commission（2007）案④中亦同意对搭售实行合理规则。欧盟委员会认为，微软的搭售行为并未限制消费者使用其他媒体播放器，因此委员会不能根据传统搭售案件的标准先验地认定搭售行为是排斥竞争的。欧洲法院亦指出，在该案所具有的特殊情形下，法院并不能根据其"一般做法"先验地认定搭售是违法的。但是，需要指出的是，法院与竞争委员会亦

---

① Eurofix-Bauco v. Hilti, Commission Decision 88/138/EEC, 1988 O. J. （L065）19.

② Eurofix-Bauco v. Hilti, Commission Decision 88/138/EEC, 1988 O. J. （L065）19；Case C-333/94, Tetra Pak Int'l SA v. Comm'n, 1996 E. C. R. I-5951, 37（Eur. Ct. Justice）.

③ The European Commission's Guidance on the Application of Article 82.

④ Microsoft CFI Decision, 2007 E. C. R. II-3601.

不同程度地暗示其合理原则的使用仅仅限于该个案，其合理规则较巡回法院的传统合理规则更为严厉。在传统合理规则下，法院可能会综合考察各类涉案信息后对案件进行判断，但在该案中，欧洲法院与欧盟委员会没有考察所有涉案信息，而是通过结构化的要件或标准有针对地考察涉案信息，并在此基础上考察搭售的实质效果及微软公司的合理抗辩，这类合理规则一般被认为是结构性合理规则。从形式上看，该结构性合理规则的构成要件与前述近似本身违法规则有相似性，两者的根本区别在于，在近似本身违法规则下，封锁较大的市场份额即可被认定违法，不需要考察搭售的实质效果，而在结构性合理规则下，封锁市场本身不足以构成违法，需要明确证明现实搭售危害了市场竞争。

3. 中国

《中华人民共和国反垄断法》第二十二条第五款规定具有市场支配地位的企业不得"没有正当理由搭售商品，或者在交易时附加其他不合理的交易条件"。搭售是近年来我国反垄断领域常见的行为，奇虎公司诉腾讯公司案（简称"3Q反垄断案"），执法机构对高通及利乐的调查都涉及搭售行为①。地方工商部门针对烟草、盐业、电信、药品等部门的反垄断调查亦大部分涉及搭售或附加不合理条件。

在著名的奇虎诉腾讯案中，我国最高人民法院阐述了其对搭售的看法并分析了搭售垄断行为的构成要件。总体而言，我国最高院对搭售持更为宽容的态度。在判决书中，最高人民法院明确指出，搭售行为本身既可能产生积极效果，也可能造成消极效果。搭售的积极效果是在特定情况下可以提高产

---

① 《中华人民共和国最高人民法院（2013）民三终字第4号民事判决书》《国家发展和改革委员会行政处罚决定书（发改办价监处罚〔2015〕1号）》《国家工商行政管理总局行政处罚决定书（工商竞争案字〔2016〕1号）》。

品质量、降低成本、促进销售、确保安全，从而提高效率；其消极效果是搭售可能使在搭售产品市场上具有支配地位的经营者将其竞争优势延伸到被搭售产品市场上①。

具体到搭售要件，法院适用类似于欧盟法院的结构性合理规则，要求证明搭售违法需证明：搭售产品和被搭售产品是各自独立的产品；搭售者在搭售产品市场上具有支配地位；搭售者对购买者实施了某种强制，使其不得不接受被搭售产品；搭售不具有正当性，不符合交易惯例、消费习惯等或者无视商品的功能；搭售对竞争具有消极效果②。其中，最高人民法院没有明确阐述独立产品要件和市场支配地位要件的内涵（其原因已在前文进行了阐述），特别是腾讯的"二选一"行为，其本身亦表明了用户可以分开选择不同的安全软件和即时通信软件，这暗示了"独立产品"要件的满足。就强制要件而言，最高人民法院否定了原告的指控，支持一审中认定的提供卸载功能不构成实质性强制的观点。就排斥竞争要件而言，略显遗憾的是最高人民法院没有明确阐述其内涵，但法院在判决书中指出，本案没有证据显示被上诉人的被诉搭售行为导致上诉人在安全软件市场中的份额发生显著下降，或者对安全软件市场内的其他经营者产生了排除或者限制竞争的效果。这似乎隐晦地表明，法院不认为搭售的竞争损害可通过市场份额的封锁来考察。

最高人民法院对搭售的相对宽容态度亦影响了法院对搭售案件举证责任的分配。最高人民法院否定了原告就一审法院举证责任分配有误的控告，指出一审法院在现有证据不能证明被上诉人具有市场支配地位的情况下，要求上诉人举证证明被诉搭售行为产生了排除、限制竞争的后果并无明显不

---

①② 《中华人民共和国最高人民法院（2013）民三终字第 4 号民事判决书》。

当。最高人民法院亦强调，被诉垄断行为是否具有正当性与其是否具有排除、限制竞争的效果并不完全一致，两者既有联系，又存在区别。对正当性承担举证责任并不等同于对行为不具有排除、限制竞争的效果承担举证责任[①]。

原国家工商行政管理总局处罚的利乐案是执法方面的重要搭售案件。在利乐案处罚决定书中，原国家工商行政管理总局首先认定利乐公司在提供纸基无菌包装设备过程中搭售包材，在提供技术服务过程中搭售包材，其中前者又包含绩效确认期搭售包材、保证期搭售包材与租赁期搭售包材。在此基础上，原国家工商行政管理总局进一步论证四类搭售行为不具备正当理由，排除、限制了包材市场的竞争。整体上体现了与《中华人民共和国反垄断法》第二十二条第五款"没有正当理由搭售商品，或者在交易时附加其他不合理的交易条件"相呼应的"事实认定+不正当性认定"两阶段标准。

就事实认定而言，表5-1归纳了判决书中四类搭售行为的具体形式与相关证据。由表5-1可以看到，相关事实证据主要来源于利乐公司的设备合同，利乐公司在设备合同与技术服务合同中对客户的包材使用提出限制。特别是，在保证期内要求使用利乐包材或同等品质包材这类模糊条款亦被认定为搭售，原国家工商行政管理总局在不正当性认定中提出证据，表明这类模糊条款的实质依然是限制设备客户使用利乐包材。

---

① 《中华人民共和国最高人民法院（2013）民三终字第4号民事判决书》。

表 5-1   利乐案的相关证据

行为		相关证据
提供纸基无菌包装设备过程中搭售包材	限定设备客户在绩效确认期内使用利乐包材或经利乐认可的包材	1. 大部分设备销售合同规定，绩效确认过程中只与设备一同使用卖方供应的包装材料，如果达不到绩效目标值的原因是买方未满足任何一项前提条件，则买方无权获得本条规定的任何一项赔偿 2. 另一部分合同规定，绩效确认过程中只与设备一同使用由利乐供应的或经利乐认可的包装材料
	限定设备客户在保证期内使用利乐包材或同等品质包材	1. 利乐 2012 年之前的设备销售合同规定，在保证期限内，买方同意在设备中只使用卖方的包装材料或其他具备与该包装材料同等品质的包装材料，同时规定，卖方无须对以下情况承担任何责任：未能遵守卖方不时就货物使用所提出的指示或由于其他不适当或未经授权的使用而有必要进行的修理和更换 2. 2012 年以后签订的部分销售合同规定，买方承诺只会将满足本合同附件 4 中的最低规格标准的包装材料和合同设备一同使用，而在附件 4 中 "最低规格标准的包装材料" 仅列出了 QSV 代码，该代码是利乐公司内部对包材产品标注的代码
	限定设备客户在经营租赁期内使用利乐包材或同等品质包材	1. 利乐对于经营租赁的设备没有设置保证期，但对设备在租赁期内使用包材进行了限制：承租方承诺只接受使用出租方的包装材料或者其他具备与该包装材料同等品质的包装材料，对于违反承诺造成的损失出租方不承担责任 2. 绩效确认期包材使用的规定与销售合同一致
提供技术服务过程中搭售包材		2009~2010 年，利乐在技术服务中采用了固定成本维修保养服务模式。该方案以客户使用的包材数量（千包）为计量依据并设置固定服务费率，利乐提供设备预防性维护、修理和正常磨损更换备件服务，同时保证设备按预定水准运行。该服务要求客户必须使用利乐包材，利乐提供保证的前提条件为客户在设备中使用由利乐提供的包材和备件，这是利乐能够提供上述保证的基础。2011 年以后，利乐对千包协议文本进行了主动调整，不再要求客户使用利乐包材

资料来源：《竞争执法公告 2016 年 10 号利乐滥用市场支配地位案》。

就不正当性认定而言，表 5-2 归纳了判决书中利乐公司对其搭售行为的辩护与原国家工商行政管理总局的分析认定。由表 5-2 可以看到，原国家工商行政管理总局披露了利乐公司对在提供纸基无菌包装设备过程中搭售包材的行为提出抗辩，但从原国家工商行政管理总局的反驳来看，搭售并非实现这些目标的必要条件，有些目标与搭售包材并无必然联系。工商总局在判决书中考虑了行业特性以表明搭售不符合行业惯例，阐述了涉及模糊条款的绩效期与保证期搭售行为如何影响消费者选择，还就搭售行为的封锁效果提出了量化证据。

表 5-2 利乐案的相关观点

行为	利乐辩护	原国家工商行政管理总局观点
限定设备客户在绩效确认期内使用利乐包材或经利乐认可的包材	—	在绩效确认期限定使用包材不符合行业惯例
	绩效确认行为旨在验证灌装机的运行状况，利乐公司保证如果使用利乐包材，灌装机在验证过程中可达到特定水平的绩效	使用利乐包材并非达到设备绩效目标值的必要条件，绩效确认目的是测试设备的机械效率，并非设备使用利乐包材的绩效，设备用户可以对使用不同包材带来的机械效率变化自行权衡成本收益，没有必要因此限定包材使用
	在绩效确认期内如果因使用第三方包材发生问题，无法及时确定到底是设备的责任还是包材的责任	使用其他包材并不必然影响事故责任的判断，生产过程中的质量事故责任属于包材厂商、设备厂商或者液体食品生产商中的哪一方，比较容易界定清楚
	—	在绩效确认期限制包材使用影响客户选择其他包材，损害了包材市场的竞争
限定设备客户在保证期内使用利乐包材或同等品质包材	使用指定包材是为了保护消费者健康和食品安全	限定使用包材并非保障食品安全的必然要求，利乐包材或同等品质包材与安全健康并无必然联系
	同等品质是指包材不低于利乐公司在生产其产品时适用的等级或质量标准，以使设备能正常运转	利乐关于包材使用要求的具体含义不明确，限制了客户自主选择包材的权利。据调查，设备用户普遍反映利乐没有主动公开过利乐包材的规格参数，没有解释过同等品质的具体含义，也未告知相关的核准或认可流程。有的利乐设备客户反映，利乐同等品质，实际就是利乐的备件和包材，利乐公司不告知哪些是其认可的具有同等品质的备件和维修服务或包装材料，实质上是强迫设备购买方只能使用利乐的配件维修服务或包装材料
	—	限定使用包材影响其他包材的销售，损害了包材市场的竞争

续表

行为	利乐辩护	原国家工商行政管理总局观点
限定设备客户在经营租赁期内使用利乐包材或同等品质包材	要求客户使用利乐包材或跟利乐包材同样品质的包材。这些原则都是为了保障利乐设备的价值，是利乐行使其合法权利，保护自己的最好工具	调查显示，包材使用对机器造成的损害较小，但是对设备使用的便利影响很大。尽管租赁期设备所有权仍归供应方，但使用权在承租方，剥夺承租使用方选择包材的权利并不合理。因此，利乐要求租赁设备用户使用指定的包材超出了出租人的权能，不符合行业惯例，也不具备正当理由，且损害了包材市场的竞争
提供技术服务过程中搭售包材	—	使用利乐包材并非达到设备按照预定水准运行的必要条件，以使用利乐包材为提供技术服务的前提条件在技术上没有必要，也不具备正当理由，且损害了包材市场的竞争

资料来源：《竞争执法公告 2016 年 10 号利乐滥用市场支配地位案》。

第二节　线上"二选一"的反垄断规制与案例分析

一、"二选一"相关法律法规与典型案例

如前文所述，线上"二选一"行为通常只限制用户的线上交易活动，对线下交易并不加以限制，因此与传统的限定交易行为略有区别，故本节对此进行单独分析。

规制"二选一"相关行为的法律条文与传统行业的相关法律条文通常是

一致的。我国数字经济发展较快，许多法律法规都涉及"二选一"问题。具体而言，"二选一"行为规制的法律基础包括《中华人民共和国反垄断法》《中华人民共和国电子商务法》《中华人民共和国反不正当竞争法》。《中华人民共和国反垄断法》第二十二条规定"没有正当理由，限定交易相对人只能与其进行交易或者只能与其指定的经营者进行交易"。2021 年公布的《国务院反垄断委员会关于平台经济领域的反垄断指南》明确提出，要求平台内经营者在竞争性平台间进行"二选一"或者其他具有相同效果的行为，可能构成反垄断所禁止的限定交易行为。

2019 年实施的《中华人民共和国电子商务法》第三十五条规定："电子商务平台经营者不得利用服务协议、交易规则以及技术等手段，对平台内经营者在平台内的交易、交易价格以及与其他经营者的交易等进行不合理限制或者附加不合理条件，或者向平台内经营者收取不合理费用。"

《中华人民共和国反不正当竞争法》第十二条规定，利用网络从事生产经营的经营者不得利用技术手段，通过影响用户的选择或者其他方式，误导、欺骗、强迫用户修改、关闭、卸载其他经营者合法提供的网络产品或者服务，妨碍、破坏其他经营者合法提供的网络产品或者服务正常运行的行为。

一些执法机构依据《中华人民共和国反不正当竞争法》规制过线上"二选一"行为。2017 年，浙江省金华市以《浙江省反不正当竞争条例》为依据，对某平台要求入网商户只与其独家经营，以不提供服务、不签协议等方式迫使商家接受其独家经营安排，在知道自己的签约商户与同类在线服务平台合作后强制关停商户在美团上的网店等行为进行了处罚，并罚没 52.6 万元。2018 年，海盐县市场监督管理局认定某知名外卖平台代理商的科技公司为了维持自身的市场占有率，通过后台管理软件修改数据、缩小商家配送范围等手段，迫使有关商家退出竞争平台的行为违反《中华人民共和国反不正当竞争法》。

在执法方面，代表性案件为阿里巴巴滥用市场支配地位案与美团滥用市场支配地位案。由于两案执法思路类似，此处以阿里巴巴滥用市场支配地位案为例进行分析。

2020 年 12 月，市场监督管理总局宣布对阿里巴巴集团涉嫌滥用市场支配地位的行为展开调查。2021 年 4 月 10 日，市场监督管理总局作出行政处罚决定，认定阿里巴巴的"二选一"行为违反反垄断法，并处以其 2019 年中国境内销售额 4% 的罚款，共 182.28 亿元。根据处罚决定书，市场监督管理总局认为阿里巴巴所处相关市场为中国境内网络零售平台服务市场，并认定其在该市场具有支配地位。2015 年以来，通过禁止平台内经营者在其他竞争性平台开店和参加其他竞争性平台促销活动等方式，限定平台内经营者只能与当事人进行交易，并以多种奖惩措施保障行为实施，违反了反垄断法第二十二条第四款关于"没有正当理由，限定交易相对人只能与其进行交易"的规定，构成了滥用市场支配地位的行为。同年，市场监督管理总局就美团在中国境内网络餐饮外卖平台服务市场实施的"二选一"行为进行了处罚，罚款 34.42 亿元。

市场监督管理总局认为，阿里巴巴集团的行为排除、限制了市场竞争。阿里巴巴集团限制平台内经营者在其他竞争性平台开店或者参加其他竞争性平台的促销活动，形成了锁定效应，减少了自身竞争压力，不当地维持、巩固了自身市场地位，背离了平台经济开放、包容、共享的发展理念，排除、限制了相关市场竞争，损害了平台内经营者和消费者的利益，削弱了平台经营者的创新动力和发展活力，阻碍了平台经济规范、有序、创新、健康发展。

第一，"二选一"行为排除、限制了中国境内网络零售平台服务市场的竞争。阿里巴巴集团限定平台内经营者只能与其进行交易，不能进驻其他竞争性平台或者在其他竞争性平台开展促销活动，直接削弱了其他竞争性平台与阿里巴巴集团进行公平竞争的能力，不当地提高了潜在竞争者的市场进入壁垒，破坏了公平、有序的市场竞争秩序。

第二，"二选一"行为损害了平台内经营者的利益。一是损害了平台内经营者的经营自主权。二是不当减损平台内经营者的合法利益。阿里巴巴集团在大型促销活动期间向平台内经营者提出退出其他竞争性平台促销活动等要求，对平台内经营者实施取消促销活动资源、搜索降权等惩罚措施，严重影响了平台内经营者的正常经营，导致交易缺乏稳定性和公平性，直接损害了平台内经营者的正当利益。三是削弱了品牌间的竞争程度。阿里巴巴集团要求平台内经营者仅在该平台开店或者仅参加该平台的促销活动，限制了同一品牌商品的销售渠道和促销渠道，削弱了品牌间的竞争。

第三，"二选一"行为阻碍了资源优化配置，限制了平台经济的创新发展。阿里巴巴集团的有关行为阻碍了网络零售平台服务市场的资源优化配置，抑制了市场主体活力，限制了平台经济的创新发展。

第四，"二选一"行为损害了消费者利益。一是限制了消费者的自由选择权。阿里巴巴集团的有关行为减少了其他竞争性平台上可选择的品牌及商品，缩小了消费者可接触的品牌和商品范围，限制了消费者的自由选择权。二是限制了消费者的公平交易权。阿里巴巴集团限制平台内经营者在其他竞争性平台上开店或参加促销活动，使消费者只能被动接受阿里巴巴集团的交易条件，无法享受其他平台更具竞争力的价格和服务，限制了消费者的公平交易权，损害了消费者利益。三是从长远看会对社会总体福利水平带来潜在危害。阿里巴巴集团有关行为排除、限制了市场竞争，降低了平台经营效率，妨碍了平台经营模式创新，阻碍了潜在竞争者进入市场，不当地降低了市场竞争的强度和水平，影响网络零售平台服务在充分竞争中不断优化和发展，负面效果会传递到消费终端，不仅会损害消费者现实利益，还会损害消费者期待利益，降低社会总体福利水平。

二、政策含义与建议

当前，一些学者担忧"二选一"规制面临多头执法、重复执法问题，还有一些学者认为"二选一"行为是否违法取决于行为人是否具有市场支配地位。本章研究表明，即便行为人没有市场支配地位，"二选一"行为依然可能危害社会福利，因此该行为应当被反垄断法以外的法律法规纳入监管范围。

需要特别指出的是，虽然"二选一"行为应当被《中华人民共和国反垄断法》《中华人民共和国电子商务法》和《中华人民共和国反不正当竞争法》纳入监管范围，但这并不意味着"二选一"行为本身是违法的。事实上，在中国法律体系下，上述法律法规对"二选一"行为进行规制的前提都是行为本身不具有"正当理由"，妨碍、破坏了其他经营者合法提供的网络产品或者服务的正常运行。《国务院反垄断委员会关于平台经济领域的反垄断指南》明确提出，在判断"二选一"行为是否违反反垄断法时，需要考虑"二选一"行为是否具有为保护交易相对人和消费者利益所必需，为保护知识产权或者数据安全所必需，为保护针对交易进行的特定资源投入所必需，为维护平台合理的经营模式所必需等合理理由。换句话说，是否对"二选一"行为进行规制取决于其正当、积极的效果是否足以抵消其对市场竞争的损害。本部分分析在一定程度上为此观点提供了理论支持。"二选一"行为的正面作用可能体现在将线上造节的收益内部化，"收回"被其他线上平台抢走的"上线"消费者，使线上渠道的私人收益和社会收益相匹配，缓解造节投入不足问题，但其代价可能是竞争弱化，部分消费者所面临的交易费用、产品价格升高。对规制者而言，线上购物节期间的"二选一"行为可以理解为一种通过限制线上购物选择来促进线上线下竞争的手段，因此不应单凭其限制了线上选择而禁止，也不应因其加剧了线上线下竞争而贸然允许。对市场整体而言，线上排他行为对市场竞争的影响可能随线上经济的发展阶段变化而呈现较大差异。在线上模式发展初期，数字平台的线上排他行为有助于防止"搭便车"行为，有助于增加各平台在线上业务方面的投入，发挥出与限期专利保护类似的投资保护效果，对数字经济与线上线下融合具有积极作用。因此，应该根据数字经济发展阶段进行相机治理。

本部分研究亦为"二选一"行为积极、消极作用的权衡提供了一个简洁的分析框架。上述分析表明，当线上交易成本显著高于线下，线上平台的相关投入对消费者"上线"产生显著影响时，"二选一"行为很可能对竞争与社会总福利带来更多的积极作用；反之，则消极作用可能更多。规制者在规制"二选一"行为时，可重点参考相关指标。

当前，互联网反垄断的一个普遍难点是相关市场边界的模糊性，一些学者与实务人士都提出在相关案件中可以不进行相关市场界定，直接分析行为的竞争影响。本部分的研究框架也为此观点提供了一个分析路径，在明确线上线下存在较为显著的竞争关系的前提下，可以不进行市场界定，直接通过比较线上线下交易成本来判断行为的合理性。

相关市场界定是传统反垄断分析的起点，其主要目的是探索哪些产品或服务对兼并涉及的产品构成竞争约束（即构成替代性），确定相关产品竞争范围，并在此基础上进一步分析兼并对竞争与消费者的影响。当相关市场界定面临较大不确定性时，各国执法机构与法院一般采用假定垄断者测试来确定具有紧密替代关系的产品集合。双边平台相关市场界定与传统单边产品存在两方面区别：

第一，交叉网络外部性导致双边需求存在"鸡生蛋，蛋生鸡"的关系，这使双边平台面临三方面的竞争约束。以滴滴、优步的网约车平台为例，其面临的竞争约束包括：①提供类似专车服务的双边平台，包括易道、部分传统巡游出租车公司，它们在乘客端和司机端都与滴滴、优步存在竞争关系；②仅在乘客端与滴滴、优步存在竞争关系的出行服务提供方，包括神州专车、地铁、公交等公共出行服务；③仅在司机端与滴滴、优步存在竞争关系的企业，包括仅有自有车辆的传统巡游出租车公司和其他存在类似劳动强度与劳动技能要求的企业。在界定相关市场时，是分别界定两个市场，还是将双边都纳入同一相关市场？在实践中，各国执法机构主要采取分别认定不同相关产品市场的方式（侯利阳和李剑，2014）。许多文献认为，这应该取决于双边平台收费方式，只收取交易手续费的平台被称为双边交易型平台，只收取会员费的平台被称为双边非交易型平台。Wright（2004）、Filistrucchi 等（2014）指出，双边交易型平台应该把平台双边纳入同一市场，而双边非交易型平台需要考虑界定两个市场。正如侯利阳和李剑（2014）指出的，以上观点并未明确为什么以"交易"为区分双边平台的标准。Filistrucchi 等（2014）则指出把双边都纳入一个市场的问题是，两边各自涉及的产品并非替代关系，这并不符合相关市场的界定，所界定的相关市场的范围亦被夸大。

第二，在一些极端情形下，补贴使得许多平台的产品是免费的。在传统相关市场界定中，没有价格就没有相关市场界定。蒋岩波（2012）认为，应该以利润来源为界定相关市场的主要依据，不应过分纠结于免费产品部分。Filistrucchi 等（2014）认为，可以界定一个市场也可以界定两个市场。侯利阳和李剑（2014）则认为，应该基于单边市场分析框架，从用户对产品功能的需求出发界定相关市场。一些学者与法院则提醒，相关市场界定并非必要步骤。例如，我国最高人民法院在 3Q 大战终审判决中指出，界定相关市场是评估经营者的市场力量及被诉垄断行为对竞争影响的工具，其本身并非目的。即使不明确界定相关市场，也可以通过排除或者妨碍竞争的直接证据对被诉经营者的市场地位及被诉垄断行为可能造成的市场影响进行评估。

　　本部分认为，首先，我国最高人民法院的观点值得提倡，应该注意到界定相关市场本身是工具而非目的，相关研究不应该纠结于相关市场界定的形式，而应该更关注相关市场界定的目的，明确相关产品面临的竞争约束。我们注意到，即便是单边产品横向兼并的相关市场界定，亦面临理论与实务界的批评。例如，Farrell 和 Shapiro（2010）提出以 UPP 方法取代相关市场界定，2010 年美国更新的《横向合并指南》亦指出市场界定并非横向兼并案件中的必要程序。其次，如前文所述，相关案件实务常常面临免费产品、线上线下地域市场不同、经营模式不同等问题，本部分以交易成本为切入点直接衡量线上线下渠道之间相互施加的竞争约束，并在此基础上评价行为的福利影响，因此无须进行相关市场界定。

　　需要指出的是，首先，并非所有的线上产品、服务都与线下存在显著的竞争关系。在个案分析中，如果相关市场界定或其他证据显示线上线下产品、服务之间不存在显著替代关系，则上述分析不一定适用。其次，根据相关理论，"二选一"行为与某种类型的相关投入是不可分割的。如果线上渠道在没有任何投入的情况下强行要求"二选一"，或线上渠道投入与"二选一"本身并无相关性，则上述分析并不适用。

第三节 条件折扣的反垄断规制与案例分析

一、条件折扣相关法律法规与典型案例

当前，各主要司法辖区都没有关于条件折扣的成文法。从当前判例来看，所有条件折扣案件都为单边行为案件，不涉及企业间的明示共谋或协同行为。

1. 美国

在美国，条件折扣被认为是附条件折扣的一种类型，目前联邦最高法院尚无相关判例。在美国司法部于 2008 年公布的一份报告中，司法部试图对附条件折扣引入一定的安全港措施，即将所有的折扣配置至可竞争产品中，若其实际价格高于成本，则认定其不违法反垄断法。但是，美国司法部于 2012 年撤销了该报告。在 Cascade 诉 Peace Health、Eisai 诉 Sanofi-Aventis 案中，条件折扣被认为可以使竞争对手在市场的可竞争部分以低于成本的价格进行销售。

第一，市场存在可竞争部分（Contestable Share）与不可竞争部分（Non-contestable Share），折扣只影响市场的可竞争部分，因此需要将所有折扣配置（Attribute）到可竞争部分。

第二，如果折扣配置后的价格低于平均可变成本或平均可避免成本的价

格被认为是掠夺性的，那么其被认为构成掠夺性定价，违反反垄断法。

第三，如果折扣配置后的价格高于平均可变成本，但低于平均总成本或平均增量成本，那么需要结合进一步的信息进行具体分析。

上述做法事实上是对条件折扣实行掠夺性定价的识别规则，即使用掠夺性定价范式。究其原因，美国第一巡回法院指出："阻止公司单方面降价的法律先例或法律规则可能对《谢尔曼法》最基本目标产生干涉，即低价格水平会在运转良好的竞争市场中找到……在反垄断案件中，法庭的主要任务是将经济上有害的降价与更普通的降价区分开来，以足够精确的方式避免打击对市场竞争有利的降价活动。"①

如前文所述，上述做法并未得到广泛认同。一方面，在相关案件中常常很难明确界定市场的可竞争部分，正如美国代表在 OECD 会议中指出的，"建议的价格—成本测试将客户获得的所有折扣分配给可竞争部分，但由于确定可竞争部分的复杂性，它可能难以适用于单一产品案例，因此不太可能揭示竞争的影响"②。另一方面，如前文所述，许多学者认为条件折扣构成事实上的独家交易，在 ZF Meritor 诉 Eaton③ 案中，附条件折扣亦被认为可能构成事实上的排他行为。

整体而言，我们可以认为美国法院与执法机构对条件折扣的态度较为温和，都在合理规则下对相关案件进行审查或审理。

2. 欧盟

在欧共体竞争法中，无论是欧共体条约第 101 条还是 102 条都没有明确

---

① Barry Wright v Grinnel，724 F. 2d 227（1st Cir 1983）.

② Note by the United States，Roundtable on Fidelity Rebates 15－17 June 2016 DAF/COMP/WD（2016）20，paras. 17-18.

③ ZF Meritor LLC v Eaton Corp，696 F3d 254（3d Cir. 2012）；Eisai v Sanofi Aventis US LLC（3dCir，2016）.

规制条件折扣的规定。2000 年，欧盟委员会颁布的《纵向限制竞争协议的指南》指出，条约第 82 条（即现 102 条）尤其禁止优势企业采取忠实折扣等手段滥用其市场支配地位。2009 年，欧盟委员会《关于适用欧共体条约第 82 条查处优势企业排他性滥用行为的执法重点指南》，该指南专门针对条件折扣规定了完整而详细的审查框架。

值得一提的是，在判例法方面，早期欧盟法院与竞争委员会认为，具有市场支配地位的企业实施条件折扣是一种排他行为安排。条件折扣基于总量提供，消费者因为采购竞争对手的产品而少获得的折扣被认为是对消费者"不忠诚的惩罚"。这使得欧盟法院与竞争委员会一度对条件折扣采取严厉的态度，并在 102 条款下对条件折扣采取近似本身违法的态度。

欧盟法院在 Hoffmann-La Roche 案中指出"即便是在买方要求的情况下，一个具有市场支配地位的企业，其义务或承诺来获得买方的全部或大部分需求，也构成滥用市场支配地位。无论滥用行为是否在没有进一步规定的情况下规定了有关义务资格，无论滥用行为是否是在考虑给予回扣的情况下进行的。上述判罚同样适用于不以正式义务约束买方的单边折扣，即以买方全部或大部分需求为条件的折扣，无论买方从具有支配地位的企业采购的实际总量是多还是少"[1]。

欧盟竞争委员会在 2009 年发布的 102 条款指南一度被认为可以促进竞争委员会与法院减少对追溯性折扣的敌意。在 102 条款指南中，竞争委员会指出其将优先使用被称为假定同等效率竞争者测试的价格—成本测试方法来识别条件折扣是否违法，如果条件折扣通过了相关测试，则不会被认为违反反垄断法。但是，需要强调的是，从近年来的案例来看，欧盟法院与许多欧

---

[1] Case 85/76, Hoffmann-La Roche n 4, para 89. See also e. g., Case T-65/89 BPB Industries and British Gypsum v Commission [1993] ECR II-389 and Case T-57/01 Solvay SA v Commission [2009] ECR II-4621, aff'd Case C-109/10 P [2011] ECR I-10329.

盟成员国法院乃至竞争委员会本身对假定同等效率竞争者测试持保留态度，这在英特尔相关案件中得到了充分体现。

2009 年 5 月，欧盟委员会认定英特尔在 CPU 市场上给予戴尔、惠普、联想和 NEC 四家计算机制造商条件折扣，在 CPU 市场上排除限制竞争，并对其处以 10.6 亿欧元的罚款。欧盟委员会认为，英特尔公司对满足特定条件，向其购买所需全部或者大部分 CPU 的计算机制造商提供了折扣，并由此认为应该采用 Hoffman-La Roche 案中的本身违法原则，没有必要进一步分析条件折扣的具体影响。英特尔向欧盟普通法院提起上诉，认为在涉及条件折扣的案件中，应考虑各种因素对竞争损害的综合影响，基于事实来判断条件折扣是否违反反垄断法。然而，欧盟普通法院在 2014 年 6 月驳回了英特尔的全部上诉。欧盟普通法院认为，英特尔使用条件折扣这一事实本身已经构成滥用支配地位，因此未对欧盟委员会已作的使用条件折扣到底如何影响竞争的经济学分析进行审核。

英特尔不服上诉判决并再次上诉至欧洲法院，欧洲法院支持了英特尔的诉求，要求欧盟普通法院重新审理此案[①]。欧洲法院认为，在此类案例中欧盟委员会和法院有责任考据有市场支配地位的企业所提出的行为未危害竞争的辩解，不能未经分析就直接判定条件折扣违法。然而，该案的后续影响仍需观察。欧盟委员会在 2018 年公布了其针对 Qualcomm（高通）的处罚决定。在其决定书中，欧盟委员会认为 Qualcomm 的条件折扣在 4G 基带芯片组市场上排挤了英特尔的竞争。在该案中，欧盟委员会没有采用其在滥用市场支配地位指南中所提出的同等效率竞争者测试，也没有接受 Qualcomm 提交的价格—成本测试，其认为这些测试不能证明 Qualcomm 的排他行为不带来反竞争效果。最终，欧盟委员会基于相关市场的特征及条件折扣的相关证据

---

① 　Commission v. Intel，Case T-286/09.

认定 Qualcomm 违法。

3. 中国

我国反垄断法与相关指南目前亦没有规制条件折扣的成文法。在判例方面，利乐案是我国执法机构公布的第一起涉及条件折扣（具体为追溯性折扣）的反垄断案件①。在处罚决定书中，原国家工商行政管理总局指出，折扣是常见的商业行为，可以促进市场竞争，有利于消费者，但是当具有市场支配地位的经营者实施的条件折扣与特定的市场条件相结合产生明显反竞争效果时，应当予以规制。原国家工商行政管理总局对追溯性折扣的违法性认定亦未采用国内学术界熟知的假定同等效率竞争者测试，而是通过结合特定的市场条件与定量证据来认定追溯性折扣违反反垄断法的。

第一，原国家工商行政管理总局关注条件折扣的诱导效应。在原国家工商行政管理总局看来，条件折扣的反竞争机制主要在于支配地位企业利用不可竞争部分需求限制和影响可竞争部分需求，以及其所造成的对客户忠诚度的其他影响，因而其反竞争效果主要取决于将不可竞争部分的市场势力传导至可竞争部分的能力，这还受不可竞争部分需求的大小及折扣幅度和实施方式等因素的影响②。在处罚决定中，原国家工商行政管理总局认为追溯累计折扣在适用时间范围的"追溯性"和数量范围的"累计性"方面与其他数量折扣有明显区别。在增量折扣下，当客户的购买量达到特定阈值时，相应的单价折扣通常只适用于超过阈值的那一部分购买量，不适用于阈值内的购买量，而且在任何购买量下，额外一个增量单位单价从不为 0 或负数。追溯

①② 参见《竞争执法公告 2016 年 10 号利乐滥用市场支配地位案》。

累计折扣由于其折扣基数追溯累计计算，客户的总支付在阈值处会出现陡降，即在阈值附近的实际价格为 0 甚至为负数。当客户采购量达到或超过阈值时，会出现采购量增多而总支付减少的情况，即客户采购总量达到阈值之前的总支付超过了采购总量达到阈值时的总支付，阈值处的采购量更多但总支付更低，这就是总支付陡降的现象。

原国家工商行政管理总局指出，利乐前 30 大客户包材采购份额、数量和价格及折扣数据的统计分析显示，如果竞争对手要从某客户处争取该类包材的一定销量，需要给出比利乐年度销量折扣更高的折扣，尤其是在竞争对手争取的销量很少的情况下。在一定情况下，为了争夺少量的可竞争部分需求，竞争对手的销量折扣幅度可能高于利乐的追溯累计折扣一倍左右。总体而言，客户向竞争对手采购的包材越多，向利乐的采购量就会相应减少，利乐给出的销量折扣就会越低。特别是，当客户向利乐采购的数量低于利乐折扣政策的阈值时，竞争对手需要提供的销量折扣就会陡增。另外，除年度销量折扣以外，竞争对手还必须匹配利乐提供的其他所有类型折扣，如品类折扣、单品设计奖励、特别/额外折扣等。当竞争对手要争夺客户的需求量较少时，需要给出的实际价格会非常低。然而，在一些情况下竞争对手往往只能争夺客户较少部分需求量，不具备争夺客户较大部分需求量的能力①。

第二，原国家工商行政管理总局对条件折扣采用了合理分析原则，认为利乐条件折扣的反竞争效果体现在提高竞争对手的成本上。原国家工商行政管理总局没有使用掠夺性定价范式，也没有使用独家交易范式。在原国家工商行政管理总局看来，利乐的条件折扣迫使竞争对手以更大的折扣幅度匹配利乐的价格并参与竞争。在短期内，这种竞争可能对客户有利，但竞争对手

---

① 参见《竞争执法公告 2016 年 10 号利乐滥用市场支配地位案》。

为了争夺一部分采购量，不仅要对可竞争部分给出不低于利乐的折扣，还必须弥补客户由于减少从利乐采购而损失的不可竞争部分的折扣，从而使竞争对手在可竞争部分给出的价格低于利乐的折后净价。在本案特定市场条件导致可竞争部分需求有限的情况下，竞争对手需要匹配的价格会很低，提高了竞争对手参与竞争的难度，甚至有可能退出竞争，这样会诱导客户进一步选择利乐，对竞争对手造成封锁，排除、限制市场竞争。从长期看，条件折扣使其他包材厂商的销量和利润受到限制，导致产能利用率不足，生存发展受到限制，进而影响到包材市场的竞争和消费者利益。当竞争对手受到利乐条件折扣的影响，难以在长时期内以与利乐相似的成本参与竞争时，会妨碍其扩大或充分利用产能、增强盈利能力，因此无法获得与利乐同等的竞争能力。在这种情况下，利乐的条件折扣存在反竞争效果①。

二、政策含义与建议

毫无疑问，本部分研究为法院与执法机构规制条件折扣提供了理论基础。但是，同样需要强调的是，实践中法院与执法机构常常把条件折扣类比为排他行为协议，抑或通过价格—成本测试识别条件折扣是否违法，并且都面临 I 类错误的风险。

把条件折扣类比为排他行为协议的问题在于：第一，可以看到通过条件折扣实现的排他行为与传统的排他行为协议存在的区别，它并非利润转移的工具，也不是阻碍进入的工具，因此把识别反竞争的排他行为协议的要件简单套用在条件折扣之上无疑是东施效颦；第二，现有的文献与案例大部分仅关注排他行为可能带来的排他效果，忽略了条件折扣所实现的排他行为可能

---

① 参见《竞争执法公告 2016 年 10 号利乐滥用市场支配地位案》。

伴随的共谋均衡。通过价格—成本测试识别条件折扣是否违法的问题在于：第一，本部分研究表明在排挤均衡与市场分割均衡下，均衡价格都是高于成本的，价格—成本测试无法识别出市场分割策略。第二，研究表明即便折扣导致竞争对手低于成本定价，市场均衡的实现依然依赖特定的市场环境，因此仅仅证明折扣迫使竞争对手低于成本竞争不足以说明条件折扣对竞争产生的实质影响。正如 Salop（2017）所言，价格—成本测试更像是一类动机测试，它仅能证明反竞争动机的存在性。事实上，本部分证明引入价格—成本测试作为安全港所依赖的理论基础是错误的，它混淆了条件折扣与"降价"的概念。从本部分模型分析可以看到，当产能差异较大时，企业甚至可以通过排他性获得垄断利润。因此，在反垄断案件中应该对条件折扣采取合理规则，从这一角度来看，我国执法机构对利乐条件折扣的分析路径无疑是合理的。

本部分模型事实上指出了可能违反反垄断法的条件折扣的若干特征，这些特征都是易于识别的，法院与执法机构可以通过这些特征来判断条件折扣的竞争影响。首先，结合模型分析可知，如果折扣门槛是接近消费者的全部需求量，那么条件折扣的目的很可能是为了锁定客户。其次，结合本部分模型可知，如果条件折扣的折扣幅度很大，且标签价高至消费者需求接近 0 的程度，那么条件折扣很可能是为了锁定客户。最后，在考察条件折扣是否锁定客户时，需要考察消费者异质性，如果消费者差异较小，那么企业将有动机排挤竞争，但是若消费者差异较大，则企业将仅有动机进行市场分割。仅仅证明条件折扣服务于锁定动机，并不足以说明它是反竞争的。结合模型分析可知，仅当市场存在不可竞争部分且不可竞争部分相对消费者需求较大时，反竞争均衡才可能存在。对排挤竞争策略而言，为了证明它引致了排他的后果，需要证明竞争对手被迫退出市场的直接原因是被迫低于成本竞争。

此时，价格—成本测试可发挥其作用。对市场分割策略而言，为了证明它引致了市场分割，可参考的证据包括竞争对手是否拒绝向支配企业的客户供货，两个企业的价格是否在引入条件折扣后同时提高，两个企业的产量是否在引入条件折扣后同时减少。

第六章　结论

本书对排他行为的竞争与反垄断问题进行研究。企业间的排他行为是常见的商业行为，在反垄断领域，如何判断排他行为对市场竞争的影响，以及如何规制危害市场公平竞争的排他行为一直是充满争议的话题。现有研究与案例主要涉及企业间达成的排他行为协议，近年来，线上平台企业在经营过程中面临的"二选一"问题，以及一些可能绕过签订协议而实现的事实上的排他行为（如条件折扣、混合捆绑）正引发越来越多的关注。前者涉及的核心问题是新兴经济形态如何影响排他行为的竞争影响与规制路径，后者涉及的核心问题是排他行为的各类新型变种如何影响市场竞争，是否可以为当前规制路径合理规制。本书通过构建经济学模型，对以上问题进行了研究，并在此基础上探讨了规制的含义与建议。

本书的研究内容与结论如下所示：

（1）本书梳理了相关经济学理论，对中国、美国、欧盟相关规制的路径与典型案例进行了分析。研究发现：第一，企业间的排他行为常常具有合理理由，包括避免"搭便车"现象、保护投资、使零售商与制造商的利益一致等。但是，在一定条件下，排他行为可能对市场竞争产生负面影响，包括阻碍进入、排挤竞争对手及提高竞争对手成本等。第二，排他行为协议的福利影响是高度不确定的，因此在相关案件中应采用个案分析的合理原则。

（2）科学治理数字平台的线上排他行为是全球范围内的重要议题。本书以线上平台在"双十一""6·18"期间进行的"二选一"行为为切入点对新兴经济形态下的排他行为进行研究。研究发现：第一，线上平台的造节可以促使消费者"上线"购物，加剧线上线下竞争，提高消费者福利和社会总福利。第二，线上搜寻和比价成本极低的特点会导致交易外溢，致使线上平台造节的私人收益总是低于造节带来的社会收益，使造节投入总是低于社会最优水平。第三，"二选一"行为可以为线上平台收回外溢的消费者，提高造节收益，缓解造节投入不足问题，但也可能限制竞争及消费者选择。第四，"二选一"行为的福利影响取决于线上线下购物交易成本的比较。当线上购物交易成本相比线下足够小时，"二选一"行为可能会给竞争与社会总福利带来更多积极作用；反之，则消极作用可能更大。这一研究表明，数字平台治理应根据其发展阶段相机行事，在用户培育期审慎包容线上排他行为，以期实现与限期专利保护类似的积极效果，而在平稳成熟期则强化线上排他行为的反垄断规制，以保障数字经济健康发展。

（3）本书亦对条件折扣这一排他行为的新兴形态进行了研究。条件折扣是近年来极具争议的反垄断话题之一，许多世界 500 强企业都曾因为条件折扣遭受巨额反垄断处罚，但各国法院与反垄断执法机构从未就条件折扣的界定及其如何危害市场竞争达成共识。一些法官与执法者依据"是否迫使竞争对手低于成本定价"来判断条件折扣是否违法，还有一些法官与执法者认为条件折扣可能诱使消费者与垄断厂商进行"独家交易"，进而排挤竞争对手。本书通过包含消费者异质性的伯川德—埃奇沃斯模型，对条件折扣是否构成事实上的排他行为，其对市场竞争与福利的影响，以及相关规制路径进行研究。研究发现：第一，具有产能优势的大企业可能通过条件折扣锁定特定消费者，实现事实上的排他行为。第二，与一般的排他行为不同，条件折扣可能被用于排挤竞争对手，也可能被用于分割市场。第三，就福利影响而言，本书指出条件折扣的福利影响在理论上是不确定的，但在一些情形下，它很可能会损害消费者福利和社会总福利。

本书研究为《中华人民共和国反垄断法》《中华人民共和国反不正当竞争法》和《中华人民共和国电子商务法》的执法提供了理论支持与政策建议。本书分析表明：第一，无论是传统的排他行为，还是新兴业态或新兴形式的排他行为，都具有复杂的竞争与福利影响，因此在个案中，应该遵循合理原则进行具体问题具体分析。第二，对于线上平台企业的排他行为，本书表明线上平台的排他行为可能具有积极效果，也可能具有消极效果，应根据数字经济发展阶段进行相机治理。在本书看来，规制者在规制"二选一"行为时可重点参考线上线下交易的相对成本，避免纠缠于相关市场界定难、市场支配地位认定难等问题。第三，就可能构成事实上的排他行为的价格策略而言，本书表明在反垄断实践中将这些价格策略简单套用至掠夺性定价、排他行为协议的做法值得商榷，在相关案件中应兼顾产能约束、异质性等市场条件进行个案具体分析。

就新兴业态的排他行为而言，后续研究可以就以下方面进行拓展：首先，并非所有的线上产品、服务都与线下存在显著的竞争关系，后续研究可以进一步探讨线上线下产品、服务的替代性强弱如何影响线上造节与"二选一"行为的规制问题。其次，本书假设线上渠道商的收益仅来自佣金收入，而在现实中线上渠道商的收益可能来自佣金、广告位拍卖、竞价排名、自营收入等多个方面。后续研究可以进一步讨论更加复杂的收益方式如何影响线上造节与"二选一"行为的规制问题。

就排他行为新的形式而言，后续研究可以从以下方面进行拓展：首先，本书主要探讨涉及单一产品折扣的情形，后续研究可以进一步拓展至多产品的情形；其次，本书不可竞争部分的来源主要是产能约束，后续研究可进行进一步拓展。

参考文献

［1］蔡跃洲，王麒植，钟洲．线上排他行为、阶段性特征与数字平台治理：三方动态博弈分析［J］．经济研究，2024（5）：132-150．

［2］陈富良，郭建斌．数字经济反垄断规制变革：理论、实践与反思——经济与法律向度的分析［J］．理论探讨，2020（6）：7-15．

［3］陈享光，钟洲．论反垄断规则的优化设计［J］．经济理论与经济管理，2016，36（7）：71-82．

［4］陈永伟．平台条件下的相关市场界定：若干关键问题和一个统一分析流程［J］．竞争政策研究，2020（3）：7-19．

［5］程子彦．上海实体商场现"关门潮"？［J］．中国经济周刊，2016（41）：13．

［6］董烨然．大零售商逆纵向控制合约选择与零供企业收益比较［J］．管理世界，2012（4）：115-124．

［7］董烨然．通道费：大零售商挖掘市场效率的一种机制设计［J］．财贸经济，2012（3）：94-102．

［8］耿阳，张玉林．考虑商户广告投资的网上交易平台定价［J］．系统工程理论与实践，2018（4）：910-919．

［9］赫伯特·霍温坎普.反垄断事业：原理与执行［M］.吴清亮，张兴，刘小康，等，译.大连：东北财经大学出版社，2011.

［10］赫伯特·霍温坎普.联邦反托拉斯政策——竞争法律及其实践（第3版）［M］.许光耀，江山，王晨，译.北京：法律出版社，2009.

［11］侯利阳，李剑.免费模式下的互联网产业相关产品市场界定［J］.现代法学，2014，36（6）：65-77.

［12］基斯·N.希尔顿.反垄断法：经济学原理和普通法演讲［M］.赵玲，译.北京：北京大学出版社，2009.

［13］蒋岩波.互联网产业中相关市场界定的司法困境与出路——基于双边市场条件［J］.法学家，2012（6）：58-74+175-176.

［14］解琳.欧盟对纵向限制竞争协议的规制［J］.经济研究导刊，2010（26）：176-179.

［15］寇宗来，李三希.线上线下厂商竞争：理论和政策分析［J］.世界经济，2018（6）：173-192.

［16］理查德·吉尔伯特，黄昆.排他性交易的经济学分析和反垄断执法［J］.经贸法律评论，2020（5）：93-117.

［17］陆伟刚，张昕竹.双边市场中垄断认定问题与改进方法：以南北电信宽带垄断案为例［J］.中国工业经济，2014（2）：122-134.

［18］迈克尔·D.温斯顿.反垄断经济学前沿［M］.张嫚，吴绪亮，章爱民，译.大连：东北财经大学出版社，2007.

［19］曲创，刘龙.互联网平台排他性协议的竞争效应——来自电商平台的证据［J］.西安财经大学学报，2021（3）：32-42.

［20］唐要家，司少杰.支配企业折扣滥用行为的反垄断研究——基于美国、欧盟执法经验［J］.价格理论与实践，2017（2）：35-38.

［21］汪浩．零售商异质性与零售价格维持［J］.经济学（季刊），2004（S1）：125-134.

［22］汪浩．通道费与零售商市场力量［J］.经济评论，2006（1）：29-34.

［23］吴汉洪，王申．数字经济的反垄断：近期美国反垄断领域争论的启示［J］.教学与研究，2020（2）：40-54.

［24］吴汉洪，钟洲．论搭售的反垄断争议［J］.中国人民大学学报，2016（4）：55-65.

［25］西蒙·毕晓普，迈克·沃克．欧盟竞争法的经济学：概念、应用和测量［M］.董红霞，译．北京：人民出版社，2016.

［26］向玉兰，周津．论附条件折扣的反垄断规制［J］.法学杂志，2010（7）：54-57.

［27］熊鸿儒．数字经济时代反垄断规制的主要挑战与国际经验［J］.经济纵横，2019（7）：83-92.

［28］于立．互联网经济学与竞争政策［M］.北京：商务印书馆，2020.

［29］赵玻．主导零售商顾客锁定折扣的竞争效应及政府规制取向——以会员积分卡为例［J］.产业经济研究，2008（3）：28-34.

［30］钟洲，王麒植．条件折扣、产品和消费者的异质性与竞争壁垒［J］.中国工业经济，2018（9）：174-192.

［31］周围．算法共谋的反垄断法规制［J］.法学，2020（1）：40-59.

［32］Abito J M，Wright J. Exclusive Dealing with Imperfect Downstream Competition［J］. International Journal of Industrial Organization，2008，26（1）：227-246.

［33］Adams W J，Yellen J L. Commodity Bundling and the Burden of Monopoly [J]. Quarterly Journal of Economics, 1976, 90: 475-498.

[34] Aghion P, Bolton P. Contracts as a Barrier to Entry [J]. The American Economic Review, 1987, 77: 388-401.

[35] Areeda P, Blair R, Hovenkamp H. Antitrust Law (Second Edition) [M]. Boston: Little Brown, 2000.

[36] Armstrong M, Wright J. Two-sided Markets, Competitive Bottlenecks and Exclusive Contracts [J]. Economic Theory, 2007, 32: 353-380.

[37] Armstrong M. Competition in Two-Sided Markets [J]. The RAND Journal of Economics, 2006, 37: 668-691.

[38] Asker J, Bar-Isaac H. Raising Retailers' Profits: On Vertical Practices and the Exclusion of Rivals [J]. American Economic Review, 2014, 104 (2): 672-686.

[39] Bagwell K. The Economic Analysis of Advertising [J]. Handbook of Industrial Organization, 2007, 3: 1701-1844.

[40] Bain J S. Industrial Organization [M]. New York: John Wiley, 1959.

[41] Balasubramanian S. Mail Versus Mall: A Strategic Analysis of Competition between Direct Marketers and Conventional Retailers [J]. Marketing Science, 1998, 17: 181-195.

[42] Belleflamme P, Peitz M. Platform Competition: Who Benefits from Multihoming [J]. International Journal of Industrial Organization, 2019, 64: 1-26.

[43] Bernheim B D, Whinston M D. Exclusive Dealing [J]. Journal of Political Economy, 1998, 106: 64-103.

[44] Besanko D, Perry M K. Exclusive Dealing in a Spatial Model of Retail Competition [J]. International Journal of Industrial Organization, 1994, 12 (3):

297-329.

[45] Bork R H. The Antitrust Paradox [M]. New York: Free Press, 1978.

[46] Burstein M L. A Theory of Full Line Forcing [J]. Northwestern University Law Review, 1960, 55: 62.

[47] Butters G R. Equilibrium Distributions of Sales and Advertising Prices [J]. The Review of Economic Studies, 1977, 44: 465-491.

[48] Calzolari G, Denicolò V. Competition with Exclusive Contracts and Market-Share Discounts [J]. American Economic Review, 2013, 103: 2384-2411.

[49] Carbajo J, De Meza D, Seidmann D. A Strategic Motivation for Commodity Bundling [J]. Journal of Industrial Economics, 1990, 38: 283-298.

[50] Carlton D W, Chevalier J A. Free Riding and Sales Strategies for the Internet [J]. The Journal of Industrial Economics, 2001, 49 (4): 441-461.

[51] Carlton D W, Waldman M. How Economics Can Improve Antitrust Doctrine Towards Tie-In Sales: Comment on Tirole's "an Analysis of Tying Cases: A Primer" [J]. Competition Policy International, 2005, 1: 27-40.

[52] Carlton D W, Waldman M. The Strategic Use of Tying to Preserve and Create Market Power in Evolving Industries [J]. The RAND Journal of Economics, 2002, 33: 194-220.

[53] Carlton D W, Waldman M. Upgrades, Switching Costs and the Leverage Theory of Tying [J]. The Economic Journal, 2012, 122: 675-706.

[54] Carroni E, Madio L, Shekhar S. Superstar Exclusivity in Two-sided Markets [J]. Management Science, 2024, 70: 991-1011.

[55] Chao Y, Tan G F. All-Units Discounts: Leverage and Partial Foreclosure in Single-Product Markets [J]. Canadian Competition Law Review, 2017,

30: 93-111.

［56］ Chao Y, Tan G, Wong A C L. All-units Discounts as a Partial Foreclosure Device ［J］. The RAND Journal of Economics, 2018, 49 (1): 155-180.

［57］ Chen J, Fan M, Li M. Advertising Versus Brokerage Model for Online Trading Platforms ［J］. Social Science Electronic Publishing, 2012, 40: 575 - 596.

［58］ Chen J, Teng L, Yu Y, et al. The Effect of Online Information Sources on Purchase Intentions between Consumers with High and Low Susceptibility to Informational Influence ［J］. Journal of Business Research, 2016, 69 (2): 467-475.

［59］ Chen Y M. Equilibrium Product Bundling ［J］. Journal of Business, 1997, 70: 85-103.

［60］ Choi J P, Stefanadis C. Tying, Investment, and the Dynamic Leverage Theory ［J］. The RAND Journal of Economics, 2001, 32: 52-71.

［61］ Choné P, Linnemer L. Nonlinear Pricing and Exclusion: Ⅰ. Buyer Opportunism ［J］. The RAND Journal of Economics, 2015, 46: 217-240.

［62］ Choné P, Linnemer L. Nonlinear Pricing and Exclusion: Ⅱ. Must - Stock Products ［J］. The RAND Journal of Economics, 2016, 47: 631-660.

［63］ Cournot A M. Recherches sur les Principes Mathématiques de la Théorie des Richesses ［J］. Bibliothèque Des Textes Philosophiques, 1838.

［64］ Degraba P. Naked Exclusion by a Dominant Input Supplier: Exclusive Contracting and Loyalty Discounts ［J］. International Journal of Industrial Organization, 2009, 31: 516-526.

［65］ Director A, Levi E H. Law and the Future: Trade Regulation ［J］.

Northwestern University School of Law, 1956, 51: 281-296.

[66] Doganoglu T, Wright J. Exclusive Dealing with Network Effects [J]. International Journal of Industrial Organization, 2010, 28 (2): 145-154.

[67] Dolmans M, Graf T. Analysis of Tying under Article 82 EC: The European Commission's Microsoft Decision in Perspective [J]. World Competition Law and Economics Review, 2004, 27: 225-244.

[68] Durkin S. The Competitive Effects of Loyalty Discounts in a Model of Competition [J]. Antitrust Law Journal, 2017, 81: 475-506.

[69] Díaz A G, González R H, Kujal P. List Pricing and Discounting in a Bertrand-Edgeworth Duopoly [J]. International Journal of Industrial Organization, 2009, 27: 719-727.

[70] Economides N, Lianos I. The Elusive Antitrust Standard on Bundling in Europe and in the United States in the Aftermath of the Microsoft Cases [J]. Antitrust Law Journal, 2009, 76: 483-567.

[71] Economides N. Bundling and Tying [R]. Working Paper, 2014.

[72] Elhauge E R, Wickelgren A L. Anti-Competitive Exclusion and Market Division through Loyalty Discounts [D]. Texas: University of Texas, 2011.

[73] Elhauge E, Nalebuff B. The Welfare Effects of Metering Ties [J]. The Journal of Law, Economics, and Organization, 2017, 33: 68-104.

[74] Elhauge E, Wickelgren A L. Robust Exclusion and Market Division through Loyalty Discounts [J]. International Journal of Industrial Organization, 2015, 43: 111-121.

[75] Elhauge E. How Loyalty Discounts Can Perversely Discourage Discounting [J]. Social Science Electronic Publishing, 2009, 5: 189-231.

[76] Elhauge E. Tying, Bundled Discounts, and the Death of the Single Monopoly Profit Theory [J]. Harvard Law Review, 2009, 123 (2): 397-481.

[77] Erutku C. Rebates as Incentives to Exclusivity [J]. Canadian Journal of Economics, 2006, 39: 477-492.

[78] Evans D S, Padilla J, Ahlborn C. The Antitrust Economics of Tying: A Farewell to Per Se Illegality [J]. Antitrust Bulletin, 2004, 49: 287-341.

[79] Evans D S. Attention Rivalry among Online Platforms [J]. Journal of Competition Law and Economics, 2013, 9: 313-357.

[80] Evans D S. Why the Dynamics of Competition for Online Platforms Leads to Sleepless Nights But Not Sleepy Monopolies [R]. Working Paper, 2017.

[81] Fadairo M, Yu J, Lanchimba C. The Choice of Exclusive Dealing: Economic Rationales and Evidence from French Retail Chains [J]. Journal of Retailing, 2017, 93 (3): 317-335.

[82] Farrell J, Shapiro C. Antitrust Evaluation of Horizontal Mergers: An Economic Alternative to Market Definition [J]. The BE Journal of Theoretical Economics, 2010, 10 (1): 1-41.

[83] Feess E, Wohlschlegel A. All-unit Discounts and the Problem of Surplus Division [J]. Review of Industrial Organization, 2010, 37: 161-178.

[84] Filistrucchi L, Geradin D, Van D E, et al. Market Definition in Two-sided Markets: Theory and Practice [J]. Journal of Competition Law and Economics, 2014, 10 (2): 293-339.

[85] Fischer J, Schwalbe U. All-Units vs. Incremental Discounts in Vertical Structures with Downstream Collusion [R]. Working Paper, 2010.

[86] Friedman J. On the Strategic Importance of Prices Versus Quantities

［J］. The RAND Journal of Economics, 1988, 19: 607-622.

［87］ Fumagalli C, Motta M, Persson L. On the Anticompetitive Effect of Exclusive Dealing When Entry by Merger is Possible ［J］. The Journal of Industrial Economics, 2009, 57 (4): 785-811.

［88］ Fumagalli C, Motta M, Rønde T. Exclusive Dealing: Investment Promotion May Facilitate Inefficient Foreclosure ［J］. The Journal of Industrial Economics, 2012, 60 (4): 599-608.

［89］ Fumagalli C, Motta M. Exclusive Dealing and Entry, When Buyers Compete ［J］. American Economic Review, 2006, 96 (3): 785-795.

［90］ Gellhorn E, Kovacic W E. Antitrust Law and Economics (Fourth Edition) ［M］. West Publishing Company, 1994.

［91］ Greenlee P, Reitman D S. Competing with Loyalty Discounts ［R］. Working Paper, 2004.

［92］ Greenlee P, Reitman D S. Distinguishing Competitive and Exclusionary Uses of Loyalty Discounts ［J］. Antitrust Bulletin, 2005, 50 (3): 441-463.

［93］ Grimes W S. Antitrust Tie-in Analysis After Kodak: Understanding the Role of Market Imperfections ［J］. Antitrust Law Journal, 1994, 62: 263-325.

［94］ Grossman G M, Shapiro C. Informative Advertising with Differentiated Products ［J］. The Review of Economic Studies, 1984, 51: 63-81.

［95］ Guo W C, Lai F C. Prices, Locations and Welfare When an Online Retailer Competes with Heterogeneous Brick-and-Mortar Retailers ［J］. Journal of Industrial Economics, 2017, 65: 439-468.

［96］ Hagiu A, Wright J. Multi-sided Platforms ［J］. International Journal of Industrial Organization, 2015, 43: 162-174.

［97］ Hart O, Tirole J. Vertical Integration and Market Foreclosure ［J］. Brookings Papers on Economic Activity, 1990, 21: 205-286.

［98］ Hovenkamp H J. Antitrust and Non-excluding Ties ［R］. Working Paper, 2012.

［99］ Hovenkamp H J. Discounts and Exclusions ［J］. Utah Law Review, 2006: 841-861.

［100］ Inderst R, Shaffer G. Market-Share Contracts as Facilitating Practices ［J］. The RAND Journal of Economics, 2010, 41: 700-729.

［101］ Innes R, Sexton R J. Strategic Buyers and Exclusionary Contracts ［J］. The American Economic Review, 1994: 566-584.

［102］ Jean T. The Theory of Industrial Organization ［M］. Cambridge : MIT Press, 1988.

［103］ Jing B. Showrooming and Webrooming: Information Externalities between Online and Offline Sellers ［J］. Marketing Science, 2018, 37: 333-506.

［104］ Joan R. The Economics of Imperfect Competition ［M］. London: MacMillan and Co. , 1933.

［105］ Kaplow L. Why (Ever) Define Markets? ［J］. Harvard Law Review, 2010, 124: 437-517.

［106］ Karlinger L, Motta M. Exclusionary Pricing When Scale Matters ［J］. The Journal of Industrial Economics, 2012, 60: 75-103.

［107］ Khan L M. Amazon's Antitrust Paradox ［J］. The Yale Law Journal, 2016, 126: 710-805.

［108］ Khan L. The New Brandeis Movement: America's Antimonopoly Debate ［J］. Journal of European Competition Law & Practice, 2018, 9 (3): 131-

132.

［109］Kitamura H, Matsushima N, Sato M. Exclusive Contracts with Complementary Inputs ［J］. International Journal of Industrial Organization, 2018, 56: 145-167.

［110］Klein B, Murphy K M. Exclusive Dealing Intensifies Competition for Distribution ［J］. Antitrust Law Journal, 2008, 75: 433.

［111］Klein B. Exclusive Dealing as Competition for Distribution on the Merits ［J］. Geo. Mason L. Rev. , 2003, 12: 119.

［112］Klein B. Vertical Integration as Organizational Ownership: The Fisher Body-General Motors Relationship Revisited ［J］. The Journal of Law, Economics, and Organization, 1988, 4: 199-213.

［113］Kobayashi B H. Does Economics Provide a Reliable Guide to Regulating Commodity Bundling by Firms? A Survey of the Economic Literature ［J］. Journal of Competition Law and Economics, 2005, 1: 707-746.

［114］Kolay S, Shaffer G, Ordover J A. All-Units Discounts in Retail Contracts ［J］. Journal of Economics & Management Strategy, 2010, 13: 429-459.

［115］Kreps D M, Scheinkman J A. Cournot Oligopoly: Quantity Precommitment and Bertrand Competition Yield Cournot Outcomes ［J］. Bell Journal of Economics, 1983, 14: 326-337.

［116］Kuhn K U, Stillman R, Caffarra C. Economic Theories of Bundling and their Policy Implications in Abuse Cases: An Assessment in Light of the Microsoft Case ［J］. European Competition Journal, 2004, 1: 85-121.

［117］Lambert T. Evaluating Bundled Discounts ［J］. Minnesota Law Review, 2005, 89: 1688-1757.

［118］ Lambert T. Have Elhauge and Wickelgren Undermined the Rule of Per Se Legality for Above – Cost Loyalty Discounts? ［EB/OL］. https：//lawecon-center. org/resources/have-elhauge – and – wickelgren – undermined – the – rule – of – per-se-legality-for-above-cost-loyalty-discounts/，2012.

［119］ Lee D. The Competitive Effect of Exclusive Dealing in the Presence of Renegotiation Breakdown ［J］. Review of Industrial Organization，2015，47：25-50.

［120］ Lee R S. Vertical Integration and Exclusivity in Platform and Two-Sided Markets ［J］. American Economic Review，2013，103：2960-3000.

［121］ Lei S. Exclusive Dealing in Two-Sided Markets：For Better or Worse? ［R］. Discussion Paper，2016.

［122］ Levitan R E，Shubik M. Price Duopoly and Capacity Constraints ［J］. International Economic Review，1972，13：111-122.

［123］ Loginova O. Exposure Order Effects and Advertising Competition ［J］. Journal of Economic Behavior and Organization，2009，71：528-538.

［124］ Maier-Rigaud F P. Switching Costs in Retroactive Rebates – What's Time Got to Do with it? ［J］. SSRN Electronic Journal，2005，26：272-276.

［125］ Maierrigaud F，Schwalbe U. Do Retroactive Rebates Imply Lower Prices for Consumers? ［R］. Working Paper，2013.

［126］ Marc D. Dynamic Edgeworth – Bertrand Competition ［J］. Quarterly Journal of Economics，1992，107：1461-1477.

［127］ Martin S. Strategic and Welfare Implications of Bundling ［J］. Economics Letters，1999，62：371-376.

［128］ Marvel H P. Exclusive Dealing ［J］. Journal of Law and Economics，1982，25：1-25.

[129] Marx L, Shaffer G. Rent-shifting, Eexclusion, and Mmarket-share Ddiscounts [R]. Working Paper, 2004.

[130] Maskin E. The Existence of Equilibrium with Price Setting Firms [J]. American Economic Review, 1986, 76: 382-386.

[131] Mayer T, Melitz M J, Ottaviano G I P. Market Size, Competition, and the Product Mix of Exporters [J]. American Economic Review, 2014, 104: 495-536.

[132] Melamed A D. Exclusive Dealing Agreements and Other Exclusionary Conduct-Are There Unifying Principles? [J]. Antitrust Law Journal, 2006, 73: 375-412.

[133] Melitz M J, Ottaviano G I P. Market Size, Trade, and Productivity [J]. Review of Economic Studies, 2008, 75: 295-316.

[134] Meza D, Selvaggi M. Exclusive Contracts Foster Relationship-Specific Investment [J]. The RAND Journal of Economics, 2007, 38: 85-97.

[135] Moore D W, Wright J. Conditional Discounts and the Law of Exclusive Dealing [J]. George Mason Law Review, 2015, 22: 1205-1246.

[136] Nalebuff B. Bundling as an Entry Barrier [J]. The Quarterly Journal of Economics, 2004, 119 (1): 159-187.

[137] Nalebuff B. Bundling, Tying, and Portfolio Effects [R]. DTI Economics Working Paper, 2003.

[138] Nalebuff B. Competing Against Bundles [C] //Incentives, Organization, and Public Economics: Papers in Honour of Sir James Mirrlees. Oxford: Oxford University Press, 2000.

[139] Noel M D, Evans D S. Analyzing Market Definition and Power in

Multi-sided Platform Markets [R]. Working Paper, 2005.

[140] O'Brien D P, Shaffer G. Vertical Control with Bilateral Contracts [J]. The RAND Journal of Economics, 1992: 299-308.

[141] O'Brien D P. All-Units Discounts and Double Moral Hazard [J]. Journal of Economic Theory, 2017, 170: 1-28.

[142] OECD. Summary of Discussion of the Roundtable on Fidelity Rebates [R]. Paris: OECD, 2016.

[143] Ordover J A, Shaffer G. Exclusionary Discounts [J]. International Journal of Industrial Organization, 2013, 31: 569-586.

[144] Padmanabhan V, Png I P L. Manufacturer's Return Policies and Retail Competition [J]. Marketing Science, 1997, 16: 81-94.

[145] Posner R A. Antitrust Law: An Economic Perspective [M]. Chicago: University of Chicago Press, 1976.

[146] Randolph Beard T, Ford G S, Spiwak L J. Quantity-Discount Contracts as a Barrier to Entry [Z]. Phoenix Center Policy Paper, 2004.

[147] Rasmusen E B, Ramseyer J M, Wiley Jr J S. Naked Exclusion [J]. The American Economic Review, 1991: 1137-1145.

[148] RBB Economics. Selective Price Cuts and Fidelity Rebates [R]. UK Office of Fair Trading, 2005.

[149] Rochet J C, Tirole J. Platform Competition in Two-Sided Markets [J]. Journal of the European Economic Association, 2003, 1: 990-1029.

[150] Salinger M A. All-units Discounts by a Dominant Producer Threatened by Partial Entry [J]. Antitrust Law Journal, 2017, 81 (2): 507-536.

[151] Salop S C. The Raising Rivals'Cost Foreclosure Paradigm, Conditional

Pricing Practices and the Flawed Incremental Price-Cost Test [J]. Antitrust Law Journal, 2017, 81 (2): 371-422.

[152] Sass T R. The Competitive Effects of Exclusive Dealing: Evidence from the US Beer Industry [J]. International Journal of Industrial Organization, 2005, 23 (3-4): 203-225.

[153] Schmalensee R. Gaussian Demand and Commodity Bundling [J]. Journal of Business, 1984, 57: S211-S230.

[154] Segal I R, Whinston M D. Exclusive Contracts and Protection of Investments [J]. The RAND Journal of Economics, 2000, 31: 603-633.

[155] Segal I R, Whinston M D. Naked Exclusion: Comment [J]. American Economic Review, 2000, 91: 296-309.

[156] Simpson J, Wickelgren A L. Naked Exclusion, Efficient Breach, and Downstream Competition [J]. American Economic Review, 2007, 97 (4): 1305-1320.

[157] Stefanadis C. Downstream Vertical Foreclosure and Upstream Innovation [J]. The Journal of Industrial Economics, 1997, 45 (4): 445-456.

[158] Stigler G J. Price and Non-price Competition [J]. Journal of Political Economy, 1968, 76 (1): 149-154.

[159] Stigler G J. The Economics of Information [J]. Journal of Political Economy, 1961, 69 (3): 213-225.

[160] Stigler G J. The Organization of Industry [M]. Chicago: University of Chicago Press, 1983.

[161] Telser L G. Why Should Manufacturers Want Fair Trade? [J]. Journal of Law and Economics, 1960, 3: 86-105.

［162］Tom W K, Balto D, Averitt N W. Anticompetitive Aspects of Market-Share Discounts and Other Incentives to Exclusive Dealing ［J］. Antitrust Law Journal, 2000, 67: 615-639.

［163］Varian H R. A Model of Sales ［J］. American Economic Review, 1980, 70 (4): 651-659.

［164］Werden G J. Why (Ever) Define Markets? An Answer to Professor Kaplow ［J］. Antitrust Law Journal, 2012, 78: 729-746.

［165］Whinston M D. Exclusivity and Tying in U. S. v. Microsoft: What We Know, and Don't Know ［J］. Journal of Economic Perspectives, 2001, 15: 63-80.

［166］Whinston M D. Tying, Foreclosure, and Exclusion ［J］. American Economic Review, 1990, 80: 837-859.

［167］Wright J. Are Loyalty Discounts Really Anticompetitive? ［EB/OL］. https: //laweconcenter. org/resources/are-loyalty-discounts-really-anticompetitive/, 2008.

［168］Wright J. Exclusive Dealing and Entry, When Buyers Compete: Comment ［J］. The American Economic Review, 2009, 99 (3): 1070-1081.

［169］Yong J S. Excluding Capacity-Constrained Entrants Through Exclusive Dealing: Theory and an Application to Ocean Shipping ［J］. The Journal of Industrial Economics, 1996: 115-129.

［170］Zenger H. Rebates and Competition Law: An Overview of EU and National Law ［C］//EU Competition Case Law Digest. Paris: Institute of Competition Law, 2014.

［171］Zenger H. When Does Exclusive Dealing Intensify Competition for Distribution-Comment on Klein and Murphy ［J］. Antitrust LJ, 2010, 77: 205.